中国社会工作的源与流

张岭泉　彭秀良　编

中华书局

图书在版编目 (CIP) 数据

中国社会工作的源与流/张岭泉,彭秀良编. —北京:中华书局,2021.8

ISBN 978-7-101-15268-5

Ⅰ.中… Ⅱ.①张…②彭… Ⅲ.社会工作-社会发展史-中国-文集 Ⅳ.D632.1-09

中国版本图书馆 CIP 数据核字(2021)第 137637 号

书　　名	中国社会工作的源与流	
编　　者	张岭泉　彭秀良	
责任编辑	欧阳红	
出版发行	中华书局	
	(北京市丰台区太平桥西里 38 号　100073)	
	http://www.zhbc.com.cn	
	E-mail:zhbc@zhbc.com.cn	
印　　刷	北京瑞古冠中印刷厂	
版　　次	2021 年 8 月北京第 1 版	
	2021 年 8 月北京第 1 次印刷	
规　　格	开本/920×1250 毫米　1/32	
	印张 6½　插页 2　字数 160 千字	
印　　数	1-900 册	
国际书号	ISBN 978-7-101-15268-5	
定　　价	48.00 元	

目 录

附 录

中国早期社会工作发展概述

张岭泉　彭秀良

从专业角度来说，中国社会工作是"舶来品"，这在国内社会工作学界基本上达成了共识。我们将中国社会工作的历史起点定于 1912 年，这一年北京社会实进会成立。[①] 但是，关于中国社会工作的历史起点问题存在着很大的争论，这里不做讨论。当我们叙述中国早期社会工作的历史时，基本上指的是 1912—1952 年这个时间段，因为随着 1952 年高等院校院系大调整，社会工作专业被取消，专业化的社会工作自此在中国"沉寂"了三十多年的时间。

一、中国社会工作的引入与早期发展

最早将社会工作的方法和模式引入中国的是北京基督教青年会干事、美国人步济时（John S. Burgess），他于 1912 年创办了北京社会实进会，目的是组织学生参与基督教的社会服务工作，以改造社会和救治中国。步济时在 1914—1915 年间指导北京社会实进会的学生进行了近代中国的第一个社会调查，是关于北京人力车夫生活与工作状况的调查。此后，北京社会实进会还对北京的教育机构、监狱、精神病院、贫民院和孤儿院等进行了调查，并提出了一些改进意见。1922 年，步济时倡议并亲自领导成立燕京大学社会学系，开设应用社会学专业即社会工作专业，为中国培养最早的社会工作者。

---

① 彭秀良、林顺利、王春霞：《中国社会工作史简明教程》，北京大学出版社 2019 年版，第 16 页。

　　社会工作正式成为一门专业最早是在燕京大学。1925年燕京大学社会学系改称社会学及社会服务学系，开设"个案工作"、"团体工作"、"社会行政"、"精神健康社会工作"、"社会福利"等课程，培养了我国第一代社会工作者，我国的专业社会工作教育正式开始。[①]燕京大学社会工作教育起步后，沪江大学、复旦大学、之江大学、金陵大学、金陵女子学院、齐鲁大学、福建协和大学、清华大学、辅仁大学等高校也相继开办了社会工作专业教育或课程。

　　1944年秋，国民政府教育部召开大学课程修订会议，在社会学系课程中增设社会行政组（即社会行政专业方向）选修课程，从而使得社会工作专业课程设置有了法定依据。当时规定社会行政专业的选修课程包括：职业指导与介绍、社会组训、社会保险、社会救济、合作事业、儿童福利、精神病社会工作、医药社会工作、妇女工作、个案工作、团体工作、社区工作、工矿检查、边疆民族问题、边疆语言、边疆行政、边疆教育、边疆社会工作等，而且还必须在以下五门课程中任选两门：中国社会问题、社会立法、社会政策、社会运动、社会事业史。[②]外加社会行政实习，因为社会工作是一门讲究实践性的学科，实习的内容必不可少。

　　民国时期的社会工作实务发展得比较快速，因为当时世界上社会工作制度和实务开展得比较早的国家也处于探索之中。民国时期社会工作实务的主要类型包括城市社区社会工作、医务社会工作、农村社区社会工作、儿童社会工作、精神健康社会工作、

[①] 彭秀良：《民国时期社会工作的引进与发展》，《团结报》2011年5月19日。
[②] 孙本文：《当代中国社会学》，商务印书馆2011年版，第238—239页。

伤残重建社会工作、边疆社会工作，等等。

城市社区社会工作是民国时期开展的最早的社会工作实务类型。1917年，沪江大学社会学系教授、美国人葛学溥（Daniel H. Kulp Ⅱ）在产业工人聚集的上海杨树浦地区设立了一个社区服务中心，英文名字为"The Yangtzepoo Social Center"，直译为"杨树浦社区中心"，葛学溥给它起了一个很优雅的中文名字——"沪东公社"，此后一直伴随杨树浦的居民走过了三十多年的风风雨雨。沪东公社提供服务的主要内容依然没有离开教育，其起步也是从对周围工厂的工人开设补习班开始的，后来扩展到该地区的大多数居民，服务内容也扩展到民众图书馆、民众食堂、民众茶园、施诊所等多个领域。20世纪40年代中期在成都、南京发展起来的"友邻社"，也是城市社区社会工作的典型，但是城市社区社会工作的覆盖面积是很狭小的。此外，成立于1925年的北平市卫生局第一卫生事务所也可归入城市社区社会工作的范围。

医务社会工作以北平协和医院社会服务部最具代表性。该部成立于1921年，其主要职责是沟通医生和病人的关系，并且把沟通的范围追踪延伸至病人生活相关的社区之中。在最鼎盛的20世纪30年代，该部总共有三十多名社会工作人员，他们可以享受穿白大褂、在医生食堂用饭、用午茶、有病可住头等病房等等跟医生一样优厚的待遇。①该部还将组织形式和医务社会工作模式推广到南京、济南、上海等地多家医院，成为20世纪50年代以前中国和亚太地区医务社会工作的开拓者。

---

① 吴桢：《我在协和医院社会服务部》，载政协北京市委员会文史资料研究委员会编：《话说老协和》，中国文史出版社1987年版，第375页。

农村社会工作是民国时期最为波澜壮阔的社会工作实务类型，其中以晏阳初的平民教育运动和梁漱溟的乡村建设运动影响最大，因已有多种历史著作介绍相应情况，这里就不做赘述了。其他值得提及的农村社会工作典型是1928年燕京大学的清河实验，这是真正意义上的农村社会工作实践，因为参加实验的人员均是受过社会学专业训练的燕京大学师生。清河实验以社会调查开端，实验区隶属于燕京大学社会学系，工作人员由社会学系委派，工作计划与当地人协商确定。期限为七年，经费每年约需七八千元，前四年由燕大社会学系负担，之后逐渐增加自筹比例，七年后完全由本地筹办。它留下了其他实验区所不能比肩的详细的观察记录和实验报告，为我们今天进行历史比较研究储备了可供采信的一手资料。

二、中国早期社会工作发展的基本特点

限于历史的和社会的因素，中国早期社会工作的覆盖面还是很狭窄的。但是，我们完全能够从前辈们的努力探索中归结出一些普遍性的特点。主要表现在：

第一，中国早期社会工作首先是以职业形态出现的。由于社会工作在中国的产生是一种"舶来品"，即从国外引入中国的，因此社会工作首先是以职业形态在中国出现的，1917年上海"沪东公社"的设立和1921年北京协和医院社会服务部的创设是其主要表现。尽管专业社会工作在1952年被取消，但一种全新性质的社会工作模式应运而生，我们可称之为行政性社会工作。行政性社会工作为改革开放后专业社会工作在中国内地的重新兴起奠定了人员和组织基础。从这个意义上说，1987年"马甸会议"

以后很长一段时间内社会工作的恢复重建也属于中国早期社会工作的范畴。

第二，作为一门学科的社会工作是依附于社会学的，但与社会学理论的教学相比，社会工作专业教育明显落后。社会工作作为"舶来品"输入中国以后不久，其学科属性就被注意到了。从20世纪20年代末期开始，社会工作专业均设置在大学社会学系，这种状况一直持续到今天。关于社会工作与社会学的关系，以往的争议是不大的，基本上大家都认为社会工作属于社会学的应用部分，或直接称之为应用社会学。

据许仕廉1927年对国内60所各类性质大学开设社会学课程的调查，所有这些大学共开设社会学课程308门，其中社会调查、社会立法与社会服务行政课程只有38门。①言心哲也曾指出过这一问题："以往对于社会事业与社会行政人才的训练，则未尝注意，以往国内各大学之社会学系中虽偶有关于社会事业课程的开设，而科目甚少，期望甚短，又因师资与教材缺乏，成效亦未显著。"②1940年国民政府社会部成立后，这一状况才开始转变，一方面社会部委托各大学加以培养并给与经费支持，另一方面招收社会工作人员及抽调行政人员予以短期训练。但直到1947年初，全国各大学或独立学院设立社会学系的有19校，设立历史社会学系的有两校，设立社会事业行政系的一校即社会教育学院。③

第三，初步形成了中国社会工作的理论体系。随着社会工作教育和实务的发展，对社会工作基本概念与基本知识的讨论与梳

---

① 杨雅彬：《中国社会学史》，山东人民出版社1987年版，第54页。
② 言心哲：《现代社会事业》，河北教育出版社2012年版，第211页。
③ 韩明谟：《中国社会学史》，天津人民出版社1987年版，第101页。

理也日渐受到重视，尝试建立中国社会工作理论体系的企图凸显出来，这主要表现在社会工作著作的出版方面。民国时期的社会工作著作，严格说只有 34 种，[①] 试图建立中国社会工作理论体系的又以蒋旨昂的《社会工作导论》和言心哲的《现代社会事业》为代表。

第四，创办了社会工作专业刊物。1944 年 1 月 15 日，《社会工作通讯月刊》在重庆正式创刊。《社会工作通讯月刊》设有专论、工作报告、法令文献、统计资料、社工消息和图书述评等栏目。这是近代中国最早以"社会工作"命名的刊物，意味着社会工作在中国有了合法化的地位。1948 年 5 月，《社会工作通讯月刊》并入《社会建设》月刊，结束了自己的历史使命。

社会工作这一专业名称是从何时被普遍接受的，目前还不能做出准确的判断。李剑华说："中国最初把'Social Work'译为社会工作，社会事业的译名系从日本来的，至于社会事业名称被使用的年代，只好留待后日去考证了。"[②] 他把自己的著作命名为"社会事业"，后来的基础性著作或教科书多沿用"社会事业"这一名称。言心哲也说："社会事业，有译为社会工作者，有称为社会服务者，有称为社会福利、公共福利、社会行政、社会事业行政或社会服务行政者，名称虽异，而目的实同，即皆为人民谋福利是也。此类名词，在欧美各国虽亦不甚划一，但沿用社会事业者较多。本书之所以采用社会事业一词，亦在以其应用较为普遍，且能包括各种社会服务事业故也。"[③] 当时也有人以"社

---

① 彭秀良：《民国时期的社会工作出版物》，《中国社会工作》2012 年第 15 期。
② 李剑华：《社会事业》，上海世界书局 1931 年版，第 2 页。
③ 言心哲：《现代社会事业》，河北教育出版社 2012 年版，第 6 页。

会工作"做书名的，但不如"社会事业"来得普遍，直到《社会工作通讯月刊》出版以后，"社会工作"的专业名称才逐渐固定下来。

三、中国早期社会工作的本土思想资源

社会工作虽然是从西方传入中国的，或者说它是"舶来品"，但这并不能否定近代中国社会工作还有自己的一个源头。中国古代丰富的社会福利思想和偏重于社会救助的制度安排，都对中国早期社会工作的形成与发展产生了极大的影响。因此，关注中国早期社会工作的本土思想资源，亦应成为中国社会工作学术界、教育界和实务界的责任担当。

北平协和医院社会服务部第一任主任浦爱德（Ida Pruitt）回忆说：刚开始工作的时候，"人们的头脑中还存有一些疑问，这些疑问包括：一方面中国的家庭是否欢迎家访，另一方面是否有足够的社会福利机构以便可能对病人进行社会治疗"。随着工作的深入，她发现"尽管中国正式的福利机构比西方国家社区少得多，但也有一定的数量可以利用，而且非正式的或者说自发组织起来的福利机构比较多。从家庭到远方的亲戚都在分担着大大小小的责任。家庭朋友，中年男子，村子或街道中年龄较大的人，雇主，每个人都有他们所意识到的责任，只是有的大一些，有的小一些。"最后她宣称："中国社会本身就发展了能够成功解决大多数主要生活问题的办法"。[1]浦爱德注意到了从中国的文化传统中寻找发展社会工作的可凭借资源，这是非常难能可贵的。

---

[1]　【美】浦爱德著、唐佳其译：《医务社会工作者工作与专业训练》，见本书第33页。

蒋旨昂则给出了一幅示意图，[①] 以层层递进的格局清晰地揭示了从社会需要起步到完成社会建设的社会工作过程。这幅示意图把外来的"社会工作"与我国传统语境中的多种术语完美地结合起来，给"社会工作"下了一个很本土化的定义。

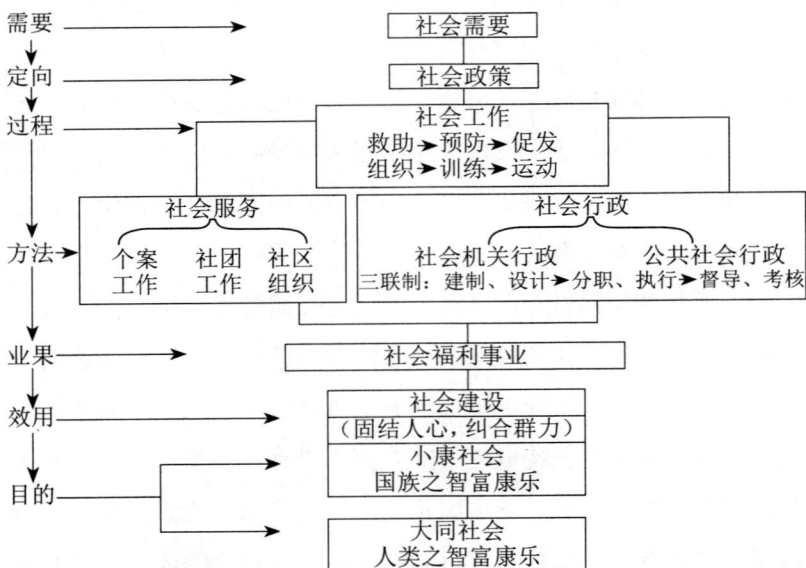

```
需要 ──────────────►   ┌──────────────┐
                        │   社会需要    │
定向 ──────────────►   ├──────────────┤
                        │   社会政策    │
过程 ──────────────►   ┌──────────────────┐
                        │     社会工作       │
                        │ 救助►预防►促发    │
                        │ 组织►训练►运动    │
          ┌─────────────────┐ ┌──────────────────────────────┐
          │   社会服务        │ │        社会行政               │
方法►     │ 个案  社团  社区  │ │ 社会机关行政      公共社会行政 │
          │ 工作  工作  组织  │ │ 三联制：建制、设计►分职、执行►督导、考核│
          └─────────────────┘ └──────────────────────────────┘
业果 ──────────────►   ┌──────────────┐
                        │  社会福利事业  │
效用 ──────────────►   ┌──────────────┐
                        │   社会建设     │
                        │(固结人心，纠合群力)│
                        ├──────────────┤
目的                    │   小康社会     │
                        │ 国族之智富康乐  │
                        ├──────────────┤
                        │   大同社会     │
                        │ 人类之智富康乐  │
                        └──────────────┘
```

社会工作表解

纵观中国早期社会工作的发展进程，我们可以清晰地感受到，社会工作之所以能够在中国扎根并逐渐发展壮大，是与中国偏重于社会救助制度安排的历史文化传统相契合的。从 1912 年社会工作在中国的萌芽，到 1952 年该专业被取消，社会工作的发展密切关注了中国的民族心理和文化传统，这一经验值得我们深入总结，以利于推进今天的社会工作本土化。

① 蒋旨昂：《社会工作导论》，华东理工大学出版社 2019 年版，第 16 页。

研 究

建设时期中教授社会学的方针及步骤

许仕廉 [①]

中山先生的《建国方略》包括三部：（一）心理建设，（二）社会建设，（三）实业建设。我们虽不必论那三本书的内容，总之，心理与社会建设是中山《建国方略》的两大部分。社会学的应用方面就包括这心理与社会建设两部分。依美国社会学家克斯教授（C. M. Case，见其普通社会学大纲），社会学分主观客观两部，主观方面，是社会心理学；客观方面，是文化的社会学。质言之，前者目的是心理的建设，后者目的是社会文化的建设。要详细明白中山所提出心理建设与社会建设的科学原理和方法，乃不可不研究社会科学，尤其是社会学。社会学（一个 20 世纪进步最快的科学），对于中国革命的贡献，也就在此！兹将社会学对于中国革命（即新中国之建设）可有的贡献，简单说明如次：

第一，社会学家以科学方法，调查中国社会实况。对于人口、种族、教育、慈善、犯法、贫穷、劳工、农村、卫生及种种社会运动，有详尽的知识，作解决各项问题之张本。

第二，三民主义中的最大问题，即民生问题。中山说，民生问题就是社会问题，国民革命能成功与否，全视国民党能不能解决这个民生问题；要解决民生问题，非有科学的知识和方法不可。社会学就是研究这种知识和方法的一种科学。

[①] 许仕廉（1896—？），男，湖南湘潭人。早年曾留学美国，获得美国爱荷华大学哲学博士学位。1924 年回国后，先后任国立武昌师范大学教授，燕京大学社会学系教授、系主任，国民政府外交部参事、条约委员会委员，银价委员会主席、高级研究委员。抗日战争全面爆发前夕赴美定居。他是《社会学界》年刊的创办人。

第三，汤姆士（W.I.Thomas）云，社会学是研究态度与价值（Attitudes and Values）的科学。对于社会心理学与社会学有切实研究的人，能以科学眼光，评定各样思想学说及各样社会文化，使社会政策，得正确的规定。又地理社会学（Regional Sociology）、社会环境学（Human Ecology）等，能使人明白地理、民族、环境等状况，制定社会政策，因地因时制宜。

第四，社会学研究个人与社会之关系，及社会行动发展之程序状况（即社会作用学 Social Processes），故对于自由（个人要求脱离社会的压制）、平等（个人要求与他人在社会有同等的机会）、民权（个人要求在社会里有相当发表意见、实行意见之权），种种复杂问题，有解决的方向。

第五，国必有法，在此训政时期，法律之制定，为不可缓的事实。关于婚姻、家族、乡村、城市、财产、职业、慈善、礼俗、教化、宗教、伦理等等法律之制定，必有社会学之知识。

第六，社会学家近极注意以科学方法，建设模范地方（Model Communities）。模范地方之建设，即民治国家之基础。

第七，科学的社会工作（Scientific Social Work），是以最新方法，改良社会制度（如救济制度、社会教育制度、工会制度、农会制度、乡村自治制度、监狱制度等），实行社会建设。

所以，社会学间接的帮助发展民族主义、民权主义和实业建设，直接的解决民生问题、心理建设和社会建设。国民革命分为三部，即种族革命、政治革命及社会革命。其中最后、最高超、最要紧，就是社会革命。社会学是社会革命的头脑，头脑不清，全部社会革命，即不能有彻底实行。社会学对于中国革命的责任，便可想见其大概。

社会学之重要，既如上述，科学的社会学和科学的社会工作，在中国之提倡，乃不可缓矣。那么，提倡社会学，是谁的责任咧？愚意下列机关，应付〔负〕这个责任：

一、大学及专门学校之社会学系；

二、高级、初级中学之社会学科；

三、专致力于社会研究及社会调查机关；

四、各市政府之社会局；

五、中央各部如卫生部、工商部、内政部、农矿部等；

六、赈济机关；

七、医院内之社会服务部；

八、地方服务机关；

九、劳工服务机关及工厂；

十、监狱；

十一、童子及妇女服务机关；

十二、国民党关于劳工、农民、妇女之工作各部；

十三、法庭；

十四、宗教团体；

十五、垦殖机关；

十六、乡村运动各机关；

十七、平民教育机关；

十八、卫生机关；等等。

提倡的步骤分三期：

第一期：训练时期。在此时期内，设立研究社会学之机关，训练专门人才。

第二期：试办时期。既得有相当人才，再在某地试办一社会实验，实施科学方法。

第三期：扩充时期。再鼓励国内各种社会事业机关，无论公私团体，录用专门人才，实行科学方法。科学的社会运动乃普遍全国了。

以下因篇幅所限，只讨论一个大学的社会学系应有的方针、政策和方法。

先论方针。

中国社会服务情形与美国社会服务情形有三不同点，因社会情形不同，所以研究社会学的政策，也就不同了。第一，中国的社会服务是"救急"式。美国的社会服务是"根本建设"式。中国千疮百孔，到处是饥寒痛苦，目前急务，是下一种急药，要先止痛，痛止了然后讲除病，除了病，再来讲摄生长寿之道。中国人是要马上止痛，美国人是讲长寿。两个政策，完全不同的，北平社会局初成立时，要我做顾问，我对社会局有一个很高远的计划，后来因北平种种急务，这些根本计划全部置之高阁，现专以小小经费，专头痛医头脚疼医脚了，不独北平如此，全中国都是如此。

中国情形如此，我们教社会学的人，要使研究社会学的学生有一个极"周到"的社会学，能随时见机应变，见急而能救急，许多人说留学生失败的根本原因，就是过于好高骛远，不实践求是，这不能怪留学生。因为西洋的大学是好高骛远的教育，是注重理想的教育。其教育愈高远愈理想愈好。这种教育搬到中国便不实用，留学生也就束手无策了。中国的大学教育，决不能蹈留学生教育的覆辙，处处要在实用上立脚。

所谓"周到"，就是学社会学的人不要太专门儿，凡学社会学的人对于社会学全部都要明白一点，做一个好基础，有了好基础再对于某一项，去深刻的研究。所以社会学的学生对于社会学理论、人类学社会问题、社会调查、社会统计、乡村社会学、贫困学、犯罪学、地方服务、个案服务、工业服务等等，要稍有根柢。毕业后在职业上不至发生困难。数年前我有一个学生专门研究个案服务，毕业后，寻不着个案服务的事，他便十分的灰心。在中国不独社会学之内，不要太专，即社会学之外，也要研究一点学社会学的人，每每因境遇关系，要去中学教历史，去加入外交界，去经商或去办报，或其他与社会学本身绝少关系的事业。

同时，研究的方法或办事的方法不可不有精密的训练，成功的人，必有高妙的方法；不成功的人之不能成功，大多是方法的凌乱。譬如钓鱼，有一池子的鱼，用两只手去乱抓，一个鱼也抓不到手。若从从容容坐在池旁，在相当机会时，抓住一条鱼，那必成功了。许多人东叫西喊甚么事都干不了；许多人无声无嗅，偏偏的成功了。何也？方法之不同耳，高妙的方法从高妙的训练得来。所谓科学方法，就是从经验和实验得来最良的方法。大学教育的目的是教授科学的方法。

第二个中国与美国不同点，是人才与舆论问题。在美国社会上有相当地位。社会事业的历史很久，又社会服务的专门人才很多，他们互有一种同志互助的精神，即西人所谓"职业精神"（Professional Spirit）。这些精神包括以下要点：

一、同职业的人，有坚固的结合，成一强有力的团体；

二、团体内的人，对于职业上的训练研究和修养，互相帮助；

三、团体内有一种极公平的法律和舆论，凡个人有违反此法律及舆论者，则受团体之处罚；

四、团体内有提高职业程度之天职，程度太低的人认为有害社会，即极力排斥之。

职业精神，是职业舆论之母，职业舆论可以排斥无聊分子，可以使同职业的人学术技艺上互相切磋，可以提高职业程度。

现在中国的公共卫生界，已经有了职业精神的现象。他们无形中有一个强有力的团结，在同志中，学问上、道德上、技术上互相切磋互相琢磨，使精益求精。对于无相当训练之假冒卫生家或医术家，攻击不遗余力。近年来，中国公共卫生之大进步，亦在此。今则中央政府已有卫生部，各市政府中已有卫生局了。

中国社会事业界则否否。第一，社会事业也缺乏人才。譬如北平社会局初成立时缺乏专门人才，协和医院之社会服务部，时时刻刻要我帮他们位置相当人物，担任重要责任。其他公私社会事业机关，莫不有同样的困难。这些地方，多以为我是一个大学社会学系的主任，对于人才一项，应该是取之不尽，用之不竭；殊不知我自己对于社会学系也有人才缺乏的困难。

社会事业人才缺乏既如此，社会事业的职业精神，自无由发达。巩固的团体亦无从结合起来。对于社会事业科学化的舆论，亦无由发生。于是国内一切社会事业，如慈善事业、农工服务事业、合作事业、社会教育事业、垦殖事业都听那一般无科学知识的人去瞎办了。这些人的目的，不是发达科学的社会服务，为国家社会谋永远利益，而专心致志于保持或扩张自己的饭碗和地盘。此辈人对于新知识的人反十分忌嫉，排斥之不遗余力。如是真有科学知识的社会工作家，除少数新式机关外，无从插足，无可利用其长。职业精神不张，职业舆论又不发达，有科学知识之社会家，便无从依傍舆论，而扩充其服务范围矣。

所以一个专门大学毕业，研究社会工作的人在美国地方，不怕不得普通社会的帮助。他们毕业加入社会后，即自然而然的加入一个强有力的社会服务团体。在团体内，对于工作方法和研究程度，时时切磋改良。对于不良分子，众鸣鼓而攻之。在中国，一个大学毕业研究社会工作的专家，要独打冲锋，独张旗鼓，不独不得同志之帮助，且处处受旧人之攻击，无所谓职业团结，亦无所谓职业精神，更无所谓职业舆论。此辈人自顾不暇，何能使全体社会工作家动员，实行排斥旧势力，提倡科学的社会服务，为种种社会问题谋根本解决方法！

所以关于第二点，我们教社会学和学社会学的人，要明白这个实在情形，有革命精神，有远大眼光，有冒险和牺牲的性质。明晓全国趋势，能见机应变，将全国社会学忠实同志团结起来，提倡职业团结，职业精神和职业舆论，勇往向前，誓不回顾！我在燕京大学社会学系，对于学科选修，主张个人化，人各有长，每人的长处必不与第二人相同。一个人的理想方法施之于第二人，即不必适用。我们教书的最要点是要利用一种方法，使每个人得相当指导，能发展其长。万不可画一个圆圈，把每个人的天性兴趣范绳在圈内，不许其自由发展。如有一个青年得相当指导，能于本人才智兴趣，得充分发展，此人在社会上必有大用。同时，本人明白自己在社会之地位后，对于自己之长也必尽量发展矣。

第三个中国与美国及其他先进国不同地方是机关稳固问题（The Problem of Institutional Stability）。美国的社会机关总是很稳固的，很永久的，中国的社会机关多不稳固的，很暂时的。其不稳固原因，大致有三个：

（一）经费缺乏。许多社会服务机关因经费缺乏，即不能继续办下去。

（二）政策变更。许多机关因政策之变更，常发生改组情状。

（三）政治作用。许多机关因受政治影响，内部组织人员时受更动。

总之，以上三种情形，都是缺乏办事精神所致。先举一个例，燕京大学是国内大学中比较稳固的一个。第一，经费虽不多，尚能支持下去。第二，政策虽常因时势趋向而改变，从来没有大改组。第三，燕京大学中从来没有政治捣乱之事。追究其原因，就是办学的人能认真做事，主办人司徒雷登先生每年为经费奔走，每年能筹得一大批款项，每年仍继续干下去，决不回顾。伦敦有一位工人，他是司徒先生的好朋友。他每月薪水不过华金数十元，他十分节省，所以能在他的薪水中抽出百分之几，捐作司徒先生办学。同时，他没有钱去送他自己的儿子进大学。大享富名的燕京大学，其经济来源乃不过如此。而"此"中的根本点，是一种为仁不倦的精神，没有这种精神，也就没有燕京大学。所以无论何种机关，其物质的充富全从精神之充富得来。中国处处没有款项，处处是政策动摇，处处是政治捣乱，其根本原因就是缺乏办事的努力和为公牺牲的精神。

所以教社会学的第三个策略，要使学生有努力办事，为公牺牲的精神。本年初燕大学生新加入社会学系的，我约他们谈话。我说在社会学系毕业后位不必高，薪不必多，唯一可满意的地方即本个人专门知识，能予社会以无限量的服务。他们要不怕死，要不怕苦，要不怕碰钉子，要时时刻刻有一定方针，努力向前做去。如果这几点做不到，我劝他不要念社会学。我又说，许多人批评燕京大学太舒服，使学生贵族化。有自来水，有电灯、电话、电炉，有汽车，有宫殿式的洋房。无论何人，受此种生活淘汰后，即不能为社会办事。我要研究社会学的学生警防此种危险。一方面，学校应提倡此种新式生活，集合东西文化，努力求至美至善，使青年们努力向前进，实行改进中国生活。一方面，学生在安舒中不可忘艰苦，有汽车，坐汽车；无汽车，跑腿，只要事业成功，无论汽车或跑腿均可随便，断不可因没有汽车就不做事了。

教社会学大致精神既如此，以下讨论一个理想社会学系教科的办法：

第一，一个社会学系教科应分二部：（a）基本教科，（b）扩大教科。

基本教科，即一个社会学系最低限度的教科，在此以下，即不成社会学系。应包括下列各科：

普通社会学	至少 6 小时
社会原始学	至少 2 小时
社会思想史	至少 3 小时
中国社会问题	至少 4 小时
家庭问题	至少 3 小时
贫穷问题及救济方法	至少 3 小时

犯罪学及刑罚学	至少 3 小时
社会调查	至少 3 小时
社会统计	至少 3 小时
劳工问题	至少 3 小时
工业问题	至少 3 小时
乡村社会学	至少 3 小时
社会服务方法	至少 3 小时

以上共 43 小时，至少需两位教授。

如经费充足，基本教科之上可增加扩大教科。扩大教科可分分五组：

甲、社会服务组（Social Work）

乙、人类学文化学组（Anthropology and Ethnology）

丙、社会问题组（Social Problems）

丁、社会理论组（Social Theory）

戊、社会经济学组（Social Economics）

每组至少须教授一人，助教若干人。

第二，大学教员学生应注重研究工作（Research Work）。研究范围随地随时随教授兴趣而定。现在燕大的研究方针大致分：

（一）中国风俗，（二）中国人口，（三）中国犯罪情形，（四）中国劳工及工业状况，（五）中国乡村情形，（六）中国社会思想史，（七）中国家庭状况，（八）中国种族问题，（九）中国人民生活状况，（十）中国社会运动状况等。每人担任研究一门，同时从研究所得材料贡献于课堂之演讲中。结果，各科教材多新发现之中国事实。现在燕大社会学系教授每周担任钟点甚少，以便聚精会神于研究工作。

第三，社会服务学重实习。第一步，设"社会机关参观"一科 (Institutional Visitation)。该科教授每周率领学生多人，参观附近社会服务之机关，使学生亲眼看见种种社会问题及解决方法。第二，设大学实习处 (University Settlement)，如伦敦之 Toynbee Hall，或芝加哥之 Hull House。以一大学之人力财力，设一社会服务机关，一面为社会服务，一面做学生实习机会。第三，将本校学生送往各有资格之社会服务机关实习。如燕京大学将学生送往日本、上海、天津各大工厂，北平各慈善及社会机关，实习一年，始能得社会服务学证书。第四，学校内可组织种种社会服务工作，由学生担任之，同时可做课程工作之一部分。

第四，现在中国缺乏研究社会学之工具。一大学中社会学系，可努力于社会学教科书、社会学辞典、社会学地图、社会学模型、社会学表格之编制，使国人研究社会学者有相当的工具。

第五，中国社会学出版物极少，交换知识不易。大学中之社会学系应提倡研究社会学之杂志，应从事著述编译。因此更可提倡中外社会学家之合作。

第六，大学的社会学系，应与国内的社会学调查及社会服务机关，无论公私，有密切联络。一方面可以随时改进教授方针，一方面可以随时改进各该机关之事务方针。又可以位置毕业人才，使在最短期间内，国内的社会调查及社会服务机关，一律为新式的专门人才所统治；一切设施，悉用科学新法。社会建设，即从此始！

（原载《社会学界》第 3 卷，1929 年出版）

大学中社会行政人员之训练

钱振亚 [①]

社会行政人员（英文叫做 Social Administrator）——燕大许仕廉教授最先提议的用语，比较通常所称社会工作人员（Social Worker）含义更广而明确。社会工作人员有许多称谓，例如：有的把它叫做社会医师（Socician），有的叫做社会工程师（Social Engineer），更有叫做社会人员（Societor）的。这些都嫌不甚切实，难以琢磨。近年来，英美各国方才有改用社会行政人员一语的趋势。这一用语，适用于一切社会公共事业的行政管理人员，不单指狭义的政府机关——如社会局里面的行政人员而已。至于各大学里面用社会行政系做名称的，在美国则有芝加哥大学所设立的"社会服务行政系"（School of Social Service Administration），以及鸟海户州立大学（Ohio State University）的"社会行政系"（School of Social Administration）等，在英国则有伦敦大学所设立的"社会行政系"（School of Social Administration）。若在我国，即连这一用语也还未通行，所以在此解释几句。

绪论

社会学在我国大学中已有了好久的历史：首先设立社会学系的是沪大，是葛学溥教授（Daniel H. Kulp Ⅱ）在 1913 年创立的，他是美国华特、司马尔及瞿廷史（Giddibgs, Small, Ward）的高

---

① 钱振亚（？—1934），男，1918 年毕业于沪江大学社会学系，后在该系任教，并担任沪东公社第三任社长。

徒；其次是北平燕大，由步济时（Burgess）、甘博（Gamble）及许仕廉教授等所首创的。继之而起的便有复旦、光华、大夏、中大、金大等校。近来它的地位已经一天高似一天，各大学中，几乎没有不设社会学的。它的成绩也不能算差，社会人士对于它也有相当的了解。但是社会行政一科在我国各大学中尚寥寥无几。燕京、复旦、沪江、大夏等校都有社会行政学程（中大亦拟于下学期开设），而办有相当成绩的，恐只有燕大和沪大而已。这因为最大的困难是在于富有社会行政教育经验的人才非常缺乏，不敷分配，以致不能有大量的好的成绩。

社会行政人员为什么须受到大学训练

在美国的社会行政学校，首先设立的，并不是经由各大学或其社会学系发起的。1898 年，美国首创的纽约社会事业专门学校（New York School of Social Work）是纽约的慈善机关（Charity Organization Society）鉴于社会行政人员的需要才发起的；芝加哥的社会服务专门学校（School of Civics & Philanthropy）也是芝加哥城内社会机关所创办的。这里也有他们的背景：第一，当时各大学行政人员的态度大多很固执，对于新的而没有相当成绩的科目，多不敢轻易尝试；第二，百年以前，如医科、法科等校的学生不是受大学训练，而是由学徒制而来的，后来一批牟利者见有利可图，才创办起营业性质的医校等，及到最后才和大学合并或大学自办。社会行政一科的情形也差不多经过同样的沿革的。

还有一个原因，即是美国的社会学家和社会行政人员的意见纷歧，不能一致，甚至互相攻讦。社会学家以为社会行政人员忙于救济事业，无暇受高深的训练，对于所办的事，只知其然，而不知其所以然，即其材料也往往不能作社会研究之用。而社会行政人员亦以为社会学家只尚空谈，重理想，于实际无补。直到近年，他们才渐渐地觉悟了。1927 年美国社会学社年会在华盛顿京城开会时始有社会学与社会行政组（Section on Sociology and Social Work）初次成立，社会行政人员参加的很多，他们已经感到社会学和社会行政是有密切关系的。从此以后，美国大学以及社会行政学校的当局都感到合并办理的利益和紧要，大学当局或已成立的社会行政学校归并大学，或另行组织新的学系。据 1927 年美国社会行政专门学校联合会的调查，美国及加拿大共有社会行政专门学院 39 所，其中 32 所已与大学合并，其他几校也有半数与大学发生联系。照此趋势看来，北美的社会行政学校不久恐皆欲与大学合并了。我国不必再蹈美国的覆辙，若要创办社会行政学校可径从大学入手。好在我国所发起的社会行政教育，并不是从慈善机关而来，却是直接由大学创办起来的。今将大学创办社会行政的利益略述于左：

（一）社会行政学校课程，往往偏重实用，如果和大学中社会学系的原理和学说联系起来，可以使学生能够比较各方面的见解与主张，对于社会问题得到更明确的认识。

（二）可提高入学程度，因为大学的入学试验很严，智力薄弱者大多都在淘汰之列。

（三）大学若开办社会行政学院，则其地位当然和法学院、医学院等并重，并可提高社会行政人员的职业地位。

（四）若二者相并，可节省行政经费及他项手续。

社会行政训练的目标

为什么要有目标？因为它是我们的指导者；目标若不明了，即不知从何训练起。问题是：我们所要从事的教育究竟应该趋向怎样的目标？单是研究社会呢，还是为管理社会机关或者领导社会群众？为改进社会事业抑为救济社会的病症？今日我国的大学教育和欧美不同，因为我国民众能受大学教育的千不得一，所以应该注重训练领袖人才，使能明了群众心理，社会组织及各种社会现象的背景，然后再须筹划解决及救济的方法，同时也需时刻顾及社会的需要。照这样讲来，今日我国的大学社会行政人才之训练不可仅仅授以理论或学说即可了事，此外，尚需加以实用之技能，与以实习之机会，使他们能够应用科学的方法去研究，并且矫正种种社会的恶劣现象，去增进社会的福利。今将社会行政人员训练的目标列左：

（一）当授学生以各种技能，使其能以实用为主。

（二）训练领袖人才，使能执行及指导公私各社会机关行政管理事务。

（三）训练学生，使能发现社会病象，并创制各种造福人群的改进方案。

（四）训练学生，使能独立做某种研究工作。

在中国应该给什么程度的学生修习这一科

至于这一课程，在大学里给毕业生修习呢，还是给修业生修习，这一问题倒值得慎重的考虑。本来，社会工作需要健全的、富有学识经验的人才，程度愈高，经验愈富愈好。美国有多数的学校把这一学科列在研究院课程中，例如纽约社会事业专门学校的正科生有 95% 是有学士、硕士、博士学位的，对于社会事业，有经验的也不少。但中国的情形不能相比：能受到大学教育的已经很少，所以，我想最好把它放在大学三年级的课程里，要是学生们的程度已经尽量的修完了各种基础学科，如社会学、经济学、心理学、政治学、生物学等。不过，一个理想的社会行政人员是需要"知"、"行"并重的，修业生也许会有偏重"多知"而少"力行"的毛病。所以如果可能，讲授以外，还应该尽量供给实习工作的机会，并且最好要使他们有考察的机会，预先使他们明确认识他们所要预备的工作和它的实际情形。如果事实上可能，还应有一二年纯粹专门性质的研究时期，以为培植专门的指导人才之用。

关于这系学程的讨论

各种专门的学问，如法学和医学，现在固然显得更其专门化了，修业的年限也大为增长，但当初却也不容易找到材料，学程也是很短的。40 年以前，欧美的医科只有二学期，每学期四五月，而教授还很难搜集相当的教材，多有敷衍过去的。从前的法科也只有一年学程，到美国内战以后才有二年。1876 年以后，法学士必须经过三年的必修科。现在医科大学更增加到预科二年，本科四年，还要外加一年的临诊实习。现在社会行政这类学科也还正在初期生长之中，此时同样的困难也是难以找到材料与难以确定年限。

在美国，关系这类的课目本无固定的范围，所包括的很广泛，其中如社会个案学与地方组织等课似已确立起来。下面这一张表是美国各大学中社会行政系的课程与设立这种课程的学校数目，很可以供我们的参考：

课程	学校数目
社会个案学 Social Case Work	22
团体及地方组织 Group and Community Work	22
儿童幸福 Child Welfare	13
医院社会服务 Medical Social Work	6
护士及卫生 Nursing & Health (Including Psychitriatic Work)	10
社会研究 Social Research (Including Industrial Research)	9
劳动状况 Industrial Work	8
罪犯学 Criminology, Deliquency and Correction	5
娱乐及体育 Recreation and Physical Education	4
社会行政 General Administration	4
农村社会事业 Rural Social Work	2

现在我国要设立这系学科，最好是把西方试验得有成绩的，择其适合我国需要的课目酌量采用，例如：

关系普通科目：

1. 社会行政概况 Introduction to Social Administration
2. 中国社会行政史 History of Chinese Social Administration
3. 社会个案工作 Social Case Work

4. 儿童幸福 Child Welfare

5. 地方组织 Community Organization

6. 男女少年社团 Club Work for Boys and Girls

7. 犯罪及其社会处置 Crime and its Social Treatment

8. 社会调查与测验 Social Investigation and Social Survey

9. 社会统计 Social Statistics

10. 贫穷与救济 Poverty and Relief

11. 劳工问题 Labor Problems

12. 社会行政机关管理 Administration of Social Agencies

13. 社会立法 Social Legislation

14. 青年堕落级救济 Juvenile Deliquency and its Treatment

15. 社会保险 Social Insurance

16. 社会合作运动 Cooperative Movement

    A 消费合作　　　B 企业合作　　　C 信用合作

17. 医院社会工作大要 Hospital Social Work

18. 监狱改良问题大要 Prison Reform

19. 农村社会事业 Rural Social Work

20. 体育娱乐事业 Recreation and Physical Education

21. 专题研究 Seminar

22. 实习工作 Field Work

如果学校的设备完美，地位适宜，可以成立研究院，则加下列的专科研究：

1. 社会行政深究 Advanced Social Administration

2. 家庭社会事业 Family Case Work

3. 医院社会事业深究 Advanced Course on Hospital Social Work

4. 监狱改良事业深究 Advanced Criminology and Penology Including Prison Reform，etc

5. 学校社会问题 Social Problems in School With Emphasis on Visiting Teaching Movement

6. 劳动立法 Labor Legislation

7. 工厂检查 Factory Inspection

8. 法庭社会事业 Probation and Parole Work

9. 人事管理 Personnel Administration

10. 体育娱乐事业 Recreation and Physical Education Advanced Course

11. 精神病社会救济 Psychitriatic Social Work

12. 社会研究 Social Research

13. 社会改良深究 Advanced Course on Social Reform

14. 专题研究 Seminar

15. 实习工作 Field Work

关于这科的修学年限，普通课目可从大学三年级起，专科研究可列入研究院，但实习工作，须列为必修科之类。至于教本，在中国还没有适当的，不妨暂时采用外国教本及关于社会行政方面书籍做参考之用，如社会个案团体事业、监狱改良以及贫穷救济这类的著作，尽可加以改编介绍过来。不过，同时我们也要赶快开始搜集本国的材料，编成本国适用的教本。

关于实习工作的问题

单只西方的学理，难望产出良好的社会行政人员，还必须加以实习工作的训练。不过，这里碰到了几个困难的问题。第一，理想的"实习"一面要对于学生有教育的价值，一面要使供给我们实习机会的"机关"得到利益，不致使他们感觉着这是一种"负担"。往往对于机关有利益的实习工作，对于学生并没有教育价值，对于学生有教育价值的工作又并不见得会被"机关"十分欢迎。所以这种两全的实习机会，实在难以找到。

其次，要有良好成绩的社会工作人员，必须先有能干的指导与严格的督率。那些才具很高，长于行政管理的人物不一定适宜于教导初学的人，然而学识中庸经验不多的人，又不能胜任。所以，这种对于管理很好，能够适当的指导的人才又往往不易找到。第三个困难是，往往不能把学理与实习融会贯通，以致实习是实习，学理是学理，不能发生互相配合关系，不能打成一片。美国有几个学校，关于这一点是这样办的：或者送一个职员去某一社会机关办公，或者请一个机关人员来校担任课程，这对于双方都有利益，成绩果然很好。美国的史密司大学（Smith College）对于社会行政人员之训练是用 8 个星期的暑假完全讲授学理的课程，此后的 9 个月，把学生送到几个大城市的医院及其他公共机关里面去施以实际的训练，一直到了第二个暑假期回来，再以 8 个星期作进一步的研究，在此期间必须根据 9 个月里自己所得的材料做成一篇毕业论文，并且根据学生们的经验举行专题讨论会。值得注意的是：他们在 9 个月的实习期内，并不抛开理论的教育，每星期仍有两小时的个案课程，而且每星期仍得把以前所授的课程温读六小时左右，还要时刻搜集材料，预备卒业的论文。这些都是在一批学校行政人员的指导监督之下做成的，所以成绩很可观，而没有被"困难"所克服。但在中国，困难之点远比美国多得多，例如中国的大学的地点往往和城市隔离太远，不便学生往返，妨碍实习很大；适当的指导人才又非常缺乏，适当的实习机关又不易找到。比较可以供我们参考的是燕京大学和沪江大学。燕京大学是和北京协和医大社会服务部联络的，协大社会服务部的主任即被招聘为燕大社会行政教授，同时，燕大的学生也可往协和去做实习的工作，听说结果很好。现在沪江大学也有自己创立的沪东公社供给学生实习工作的机会，可惜并没有和其他的社会机关有着经常的联络。

结论

综上所说，我们可以知道欧美各国社会行政教育的趋势，约有几点：

一、社会行政教育现在几乎全部脱离独立办理的状态，进化到和大学合并办理，足征社会行政教育必须在大学里或和社会学系联系配合，才能收获完美的效果。

二、社会行政教育显得一天天着重起来，一天天发达起来。这表示欧美社会事业的进步，正需要大批的社会行政人才。目前中国的社会，恰恰相反，正是极度的纷乱颓败。欧美各国的社会事业已经是这样进步发达，他们还要如此不遗余力地办理社会行政教育，则目前的中国更其不用说应该拼命追上前去培植一些社会治理人才了。怎样把腐朽的中国改变成生气勃勃的中国，怎样防止这一社会的崩溃，怎样诊治这一社会的病态，以及怎样投以补益的药石，这些都是当前立待解决的课题。而这只有最先着手培植一大批社会行政人员，训练他们使能真正造福人群，治理中国。

三、社会行政这一学科不仅止于理论的探讨，还同样注重实习工作，和实习工作配合，相连并进，是目前一般的趋势。他们正在努力，怎样使理论与实际充分调和贯通，正在努力，怎样把所有的材料统一起来，整理起来，使社会行政成就一种完整的严密的科学。中国目前应该采用他们已有成绩的产物，同时，要使学习社会行政的学生，努力参加实习工作，共同搜集中国社会特殊的材料，作成适应中国社会需要的方案，使中国的社会行政人员站在前线，真正能够领导中国的社会事业。

四、实施社会行政教育，在欧美各国，碰到的困难并不少，但已能逐步设法克服。在中国，困难当然比欧美各国多得多，所以，中国办理社会行政教育的当局，格外应该严密策划，慎重考虑。最好，能够组织一个社会行政教育研究会，集议应有的方针与具体的进行办法，得益一定很多。自然，各国已经进行得有效果的办法，我们当然不妨斟酌采用。

（原载《社会月刊》1930年第4期）

医务社会工作者工作与专业训练

浦爱德 [①]

帮助更多的人回到社会的水平线上方

人自降生到这个世界就要耗费毕生的精力来努力生存。这种努力包括尽力使自己适应他们所发现的世界和改造世界以适合他们的需要。为了适应世界和改造世界，人类必须了解实践和掌握一门技术。儿童的整个生活都是一个有意识的学习过程。成人的生活就不仅仅是一个学习的过程，特别是对于那些不满足按部就班、循规蹈矩生活的人来说更是如此。因此，无论是男性还是女性，中年后期的人都经常会感慨万千地说："只有当生命即将结束时，我才学会了怎么生活。"

人类不会在体力、智力、情感稳定性上是生而平等，完全一样的。事实上，人类在发展或利用他的能力的平等机会上，也不是生而平等的。有些大有潜力的人生而却只有极少的机遇，而有些能力平庸的人生而却有他们视而不见和无法利用的大量机会。

每当我走在大街上的时候，我常常会想，为什么芸芸众生必须要东奔西走。这个人匆匆忙忙走到一个城市的尽头，实际上他所做的是走到另一个城市的尽头所要做的事情。从群体的观点来看，人们似乎并没有意识到这点，但是在这个人自己的生活中，他却有目的地来回做着这样的事情。有时候这种目的是徒劳无益的，有时候甚至对大众计划或个体计划是有害无益的，有时候对

---

① 浦爱德（1888—1985），女，美国人，英文名为 Ada Pruitt。曾任北平协和医院社会服务部第一任主任，燕京大学社会学及社会服务学系教授，为中国培养了第一代医务社会工作人员。

大众计划或个体计划来说，还是有好处的或者说是吻合一致的。

在这个世界上，有些人在费尽心思地制定一个群体方案，而有些人的工作就是将这个群体方案付诸实施，有些人则专心致志来了解这个世界，还有些人却津津乐道地告诉别人这里有什么或他们认为这里有什么的。这个世界上有些人做着循规蹈矩的日常琐事，有些人对别人的所作所为知道得很多，而有些人则知道得较少。我们当中绝大多数的人都是这些类型中的一种或几种人的混合物。

在一个非常复杂的组织中，一定会有许多徒劳无益的努力、误会、毫无必要的坚持，但这些在消除不幸的世界过程之中却是必不可少和必要的。

但谁是不幸的人呢？银行的行长或大学的教授被一辆汽车撞得不省人事，对他来说，他暂时会和儿童福利机构中弱智的孩子一样变得相当不幸，如果没有社会组织的帮助使他康复，他也许会和儿童福利机构中弱智的孩子一样成为永久不幸的人。报警，救护车来了，医生检查、诊断和开处方，护士熟练细心地护理他。他在短时间内又恢复了健康。但是，在此期间，社会组织并不会因为他的不幸而停止运转。

在讨论或思考社会服务时，我喜欢使用一种量表。我画一条水平线，一端是0，另一端是100，在水平线的中央画一条垂直线。在水平线的上方表示人们能够能力。水平线上方越长，表示自我维持的能力越大，他的发展、进步就越大。例如洛克菲勒在经济上能够承担起成千上万人的生活，或者是一位名医能够确保成百上千人的健康。只要我们处在水平线的上方，我们就是独立自主的人。但是，我们不会知道我们什么时候将会跌落在水平线的下方。交通事故中的银行行长就暂时处在水平线的下方了。但是有些人命中注定会一直处在水平线的下方。有些人是由于意外事故而跌落到水平线下方的。有些人能够通过自己的能力再次回到水平线的上方，有些人则需要适时的帮助才能回到水平线的上方。有些人需要技术上的帮助才能恢复到水平线的上方，有些人可能需要接受一种全新的教育才能恢复到水平线的上方。但是从来都没有跌落到水平线下方的人是极其罕见，凤毛麟角的。

社会工作者需要做什么

我们这里所说的现代社会工作者的角色不是纯粹的救济者，社会工作者承担社会改造者和适应者的角色。社会工作者当中有些人在参与制定群体性的服务方案，有些人在政府部门就职，有些人在从事写作，有些人在教书育人。但是所有的社会工作者都要处理个人面临的问题，或是为了个人的福利而制定服务计划。社会工作者的工作就是发现困难与麻烦，促使这个世界适应我们的服务对象，或者促使我们的服务对象适应这个世界。我们为每一个人找到他在世界中的位置。

社会工作者有一种观点，有一套知识体系，有一种技术。社会工作的知识体系就是理解人的需要（而且这是我们工作中最困难的部分），以及了解在个人或社区层面上有什么资源能够满足这些需要的知识体系。社会工作者的工作就是研究：

A. 个体。对服务对象及其家庭成员、朋友、雇主等人的个人访问；来自专家的报告，例如医生对他的身体或精神健康状况的诊断报告，心理学家对他智力的测试报告等。

B. 研究家庭和社区。服务对象面临的问题可能是非常简单的。像银行行长一样，服务对象可能只是暂时跌落在水平线之下，有充足的资源来照顾他。但是，一个人可能处于水平线之下而且没有资源可以利用，或者是他或他的家庭不知道有什么可以利用的资源，或者是他处于一种他自己无法利用这些资源的状态之中。这样，社会工作者的服务就应运而生了。

医学的社会问题及解决办法
一个非常复杂的个案

一个男人带着他的小儿子来到医院。孩子患有结核性脑膜炎，父亲被告知他的孩子没有康复的可能性，只能带他的孩子回家等死。社会工作者看见在这名男子的家里另外两个孩子也是身体瘦弱、脸色苍白，这位父亲处于极度绝望之中，他家的房子也破烂不堪，这位父亲几乎有一年没有真正的工作了，他的妻子由于患结核病几个月前刚刚去世。他唯一的收入来自每天给二个小孩上一个小时的课，一个月大约只有两美元。他的一位表兄为他提供了一间不用付房租的房子和一些日常生活必需的食物，也就是每个月一定数量的粮食。

显而易见，必须为孩子生病这段时间的生活制定一个临时性服务计划，那就是以鸡蛋和牛奶的形式对所有的孩子进行直接的救助。另外两个孩子也被带到门诊做了检查，他们只是营养不良。社会工作者对他们的亲戚进行了访问，而且发现没有其他的家庭成员能够帮助他们。社会工作者多次访问这个父亲，他曾经是北平协和医学院一个实验室的技术员。他有在一家医院附近做临时工的多种经历，他曾经饲养过老鼠，在一个剧院里当过助理会计员或剧场管理员。他身体健康无病。

后来，患病的孩子死了。这个父亲必须要有一份工作，他的一位表兄带走他八岁的小女儿。社会工作者把那个严重缺乏营养的小男孩送到了一个家里去寄养，社会工作者为这个孩子支付生活津贴，直到他的父亲能够接他回家为止。

根据我们对就业市场和对这个男人能力的了解，我们感觉像在北平协和医学院实验室里当扫地勤杂工是比较适合他的。但是他却拒绝接受这份工作。因为他曾经是一位职员，他不想再干体力活了。我们能够让他明白，他的这种看法是一种不切实际的想法吗？我们能够向他显示并且使他理解，这种新的基础可以给他提供一个立足点，这个立足点可以使他做的比以前更好。社会工作者相信，这个男人的士气低落和悲观失望是由于他的妻子和孩子生病，他没有工作。但是有一天，甚至社会工作者也心灰意冷。"他说他不愿意接受这份工作，还说这样会让他在朋友面前太没面子"。我说，"不管他了"。社会工作者却说，"不，我将再试一次"。社会工作者做了，他也答应了。他开始当了一名扫地的勤杂工。他现在是一大群勤杂工和服务员的领班了。他穿着长衫，还把他的英语、汉语和经验应用到管理当中。最后的结局，他把他的男孩子送到他的一位乡下亲戚那里，所以不再需要慈善救济了。后来他又结婚了。

并不是所有的个案都这么错综复杂，社会工作者所做的许多个案都很简单。比如，某人在医院做了一次手术，他有一个家，有一份工作可以做，但他不能去做。安上这条假腿后他确实能够独立生活，并且要知道做木制假腿所需的资金在哪里。当然，他也需要从事一种新的职业以便维持生活。在这种类型的个案中，可能最具戏剧性的是一位失明的木匠，我们让他当了一位盲人音乐家的徒弟，现在他不仅能自己赚取不错的生活来源，还拥有一种愉快的社会生活。

更多救助是精神和情感上的

通常，甚至经济上的暂时性的救助都是不必要的，但是精神或情感上的救助却是非常必要的。一位妇女来我们的医学门诊就诊已有几周时间了。她过去一直患有上腹痛。我们给她做了常规检查，排除了胃溃疡或其他任何器官性的疾病。对她家访后我们发现，她曾经经历了从一个简单幸福的家庭到一个错综复杂的不幸福的家庭的过程。她出嫁到一个大约有三十个人组成的，由一位继承丈夫遗产的贵妇人控制的家庭，这位贵妇人以女家长的方式控制着她的四个儿子和她的孙子们及重孙们。

他们住在一个大宅院里。公公经常打骂和训斥这位年轻的妻子，年轻的丈夫整天在外工作。当我们的病人怀孕，她想去第一卫生事务所（Public Health Station）做产前保健时，这位女家长却不允许她去。我们的病人自己主动在医院里找到一份专职保姆的工作。这个家庭中的其他妇女是没有赚钱能力的。每次当她回家的时候，其他女人都会围着她问："你（今天）挣了多少钱？"她自己的努力结果和能力得不到承认。她离开这个大家庭只是会使她公公有些没面子。这种没面子与离开所带来的安宁能够实现平衡吗？最终，他们搬出去住了。显而易见，我们所能做的只是明确他们的想法，向他们阐明现代的大众舆论和观念，让他们明白搬出去住是对的。

成功的救助是让他们重返社会

我们经常需要调整他们的生活方式。一位只能靠自己挣钱养家糊口的寡妇有一个患早期结核病的孩子，她住的地方离她工作的地点太远，以致她每天要走两个小时的路，她本人也患有结核病。社会工作者在她工作地的附近为她找了一间房子。她的工资收入不稳定，通过社会工作者的努力，成功地让她得到了一份稳定的工作。她的收入至少能够支付她们生活需要的主要部分，剩下的开支由社会工作者定期提供给她。

对于所有的医疗救助已经完成的病人来说，必须以自立自强的个体返回到社会中去，或是以被社会抛弃者的身份进入某些福利机构——北平有这样一些福利机构，或者是重新回到他们自己的家中。我们研究过的一位 19 岁的吸毒者的个案，无论是她自己，还是社区，都对这个人没有指望，我们都必须要忘记她。她是一个暗妓，肺部有毛病，患有淋病，只有四岁半的智力年龄。但是她拒绝接受治疗。现在北平的法律和风俗还不可能将她隔离开来，或者是对她进行强制治疗。她没有足够的聪明才智为她自己做些什么，或者是通过其他的方式来挣钱养活她自己。她是被生活所抛弃的人之一。可悲的是，在她自己的堕落过程中，她还在伤害他人。她需要一个福利机构。

　　个案工作方法既可应用到工作中和服务对象身上，也可应用到已经研究过的临床需要中去。这里起决定性作用的因素是所治疗疾病的种类和医院的组织结构，医院是教学医院，还是纯粹的服务性医院，以及社区的组织。在神经科门诊，病人既往病史的提供和病人对社会的重新适应，具有非常重要的作用。在整形外科门诊中，病人对社会的重新适应则要承受巨大的压力，他的一条腿被切除了而且他找了一份工作，我们需要对他进行一段时间的医学随访。然而在肿瘤门诊，只要病人还活着，个案工作就不会结束。因此，在门诊所治疗疾病的种类将决定社会服务的哪一个功能将会在门诊治疗中是最常用的，也将决定是否有必要进行调查研究，是否需要重新适应，或者是否需要随访。

医务社会工作者的专业训练
人们非常需要帮助而且有效

　　自1921年起，北平协和医学院就有了医疗社会服务。刚开始时只有两位工作人员。当时个案工作在中国还没有被人使用过。人们的头脑中还存有一些疑问，这些疑问包括：一方面中国的家庭是否欢迎家访，另一方面是否有足够的社会福利机构以便可能对病人进行社会治疗。我们调查发现，一般的病人都非常高兴有人对他感兴趣，也很乐意有人与他一起为他的照顾计划出谋划策。我们还发现，社区能够为个案工作提供足够的帮助。尽管中国正式的福利机构比西方国家社区少得多，但也有一定的数量可以利用，而且非正式的或者说自发组织起来的福利机构比较多。从家庭到远房的亲戚都在分担着大大小小的责任。家庭朋友、中年男子、村子或街道中年龄较大的人、雇主，每个人都具有他们所意识到的责任，只是有的大一些，有的小一些而已。

因此，我们发现这类社会调查是相当可行的，而且对病人、对医生和对医院管理来说都是相当有益的。我们并没有使用统计学的方法来测量病人对生活适应的成功，但是我们通过病人或医生所打来的电话可以判断，效果是明显的。中国社会本身就发展了能够成功解决大多数主要生活问题的办法。世界正在变，中国社会也正在变。新的问题不断涌现，新的解决办法也在发展之中。帮助人们去适应他们周围的生活，获得他们自己想要的东西，这在不同国家都是一样的。我们只是帮助这个人，这个人在一些意外事故中已丧失了一些能力，帮他回到他所在的地方，或者是回到他的亲戚所在的地方。随访在全世界任何一个国家都是一样的。

为了满足病人这个群体的需要，开发和培育新的福利机构是理所应当和不可避免的。如果能在一系列的病人中找出他们的共同需要，那就将会创造出一些用来满足他们这种共同需要的新方法。因此，在没有经验的情况下，个案工作者为弃婴开办了怀幼会，家庭福利协会（The Family Welfare Society）、雇工介绍所，以及为恢复期病人开办的调养院。这也促进与许多传统福利机构的密切合作。

社会工作者和医生密切合作

逐渐地，年复一年，随着工作量的增加，新的工作人员不断加入到我们的行列当中。在最初的五年当中，工作是一般性的；因为个案的转介，工作人员依次接案处理转介对象或是由最有经验的人接案处理。个案可由医生、护士、外面的机构或对之感兴趣的人、病人本人或朋友来转介，然后由社会工作者接案处理。

但是我们发现，等到问题出现和个案转介时，对许多要解决的问题来说，往往已经太迟了，而且等到医生开列出一个医院名单重新联系病人的时候，往往已经太迟而无法找到这些病人了。人们在流动，只有通过了解家庭状况、亲戚的家庭住址、交通运输工具、路途需要的时间以及经济可行性，才能维持一个随访服务。由于这个原因，社会工作者被安置到病房，以及为这些病房服务的门诊部中，这样随访服务体系不断发展完善。社会工作者为两个目的访问每一个病人：第一个目的是获得有关病人的足够信息以便和他保持沟通交流。第二个目的是找出在病人自己的生活和处境中，是否有适宜的设施来贯彻执行为他的完全康复和重返社会所需而设计的医疗计划。假如没有，社会工作者必须在病人出院之前的时间里尽力为这个病人做好必要的安排，这样才会使那些能够在家里逐渐康复的病人不会继续占用那些对于急性病人来说是迫切需要的床位，同时这样做也是为了使病人能够在社区中得到他所需要的照顾。这种把社会工作者安排到病房和门诊的做法也使得社会工作者更加容易与那些有固定组织的医生一起工作，他们也能从医生那里学到这类疾病治疗中的一些常用原则，从而使社会工作者能够更快、更肯定地理解由内科医生拟定的医疗方案。对医生来说，这也能更容易、更迅速地与社会工作者取得联系。医生访视每一位临床病人是不可能的，也是不必要的。但是，一位在门诊的社会工作者要时刻准备接手转介给他的病人和接待那些自愿来求助的人。心脏病的个案，每一位癌症病人，所有需要预约的整形外科个案，所有未婚母亲的个案和所有梅毒病例的个案都需要访谈，有时还要追踪好几年。从今年（指1935年）秋天开始，将增加胃肠病个案和产科和妇产科个案。有些个案只需要在返院时提醒一下病人就行了，有些个案则需要在病人好转或能够再次检查之前为其提供各种不同内容的服务。

社会工作者来源

由于目前中国还没有专门为社会工作者开办的学校，那些愿意为社会服务，并且有足够背景知识的人才会被选中进行社会工作者的培训。社会工作者必须有解决和妥善处理普通人、医生、护士和其他专业人士、各个社会阶层的病人，以及病人家庭各式各样问题的能力。社会工作者必须要有足够的教育以便能够理解专家们给予他们的建议，而且他们还必须要有开放灵活的头脑来主动制定和实施服务计划。因此，大学毕业生是首选。由于燕京大学离我们很近，并开设了一门本科生层次的社会工作课程，因此，燕京大学的学生将比其他大学的学生更多地成为协和医院社会服务部的工作人员。我们的部门也有来自上海大学、金陵大学、清华大学和齐鲁大学的学生。

在师傅带徒弟制度下，我们发现花费3年的时间就能把他们培养成为一个独立的社会工作者。学生在前6个月里都很愉快。他们每一分钟都会学到一些新鲜的东西，每天都会遇到一些新奇的经历。但是，后面 6 个月通常是令人沮丧的时期。这些学生变得非常强壮，但是通往出口的道路由于杂草丛生而被堵塞了。假如社会工作者能够坚持下去并度过这个时期，在第二年里他就能在督导下常规工作，第三年他就能独立工作了。到第三年结束时，他就能在我们自己的机构或其他地方制定和实施新的服务项目了。

在过去的几年里，我们已经形成了一个固定的培训计划。我们给每位学生分配少量的个案工作量，而且与高年资的督导员一起工作。当然在各部门和各小组之中，也会有一些会议和一定数量的讲座。我们希望将 3 年的培训和积累经验的时间缩短为 2 年。

社会协同非常重要

我们非常幸运地处在北平，这里具有远比其他城市更多的社会福利机构。一些独立的民间社团在社区中为老人、孤儿开办护理之家，为聋人和盲人开设特殊学校。北平还有一些救济性的社团，例如妇女红十字会、万字协会（The Swastika Society）、家庭福利协会，而且妇女红十字会和家庭福利协会都有她们自己的个案社会工作者。北平还有一些为特定目的而建立的机构，例如为弃婴建立的怀幼会，就业介绍所，小额贷款协会，生育控制协会，联合教会兄弟会，每一个机构都有个案社会工作者。北平也有健康机构、公共卫生部门、儿童福利诊所、牛奶站、医院和调养院。

有些医院已经从我们这里接纳了一些社会工作者来为他们自己的人群服务。其他的医院则选派一些在他们自己的社区中，既了解当地社区，又在其他方面富有经验的人员到我们这里进修，让我们教授他们怎么去做医务社会服务。

最后，您可能有兴趣知道，为了妥善处理像北平协和医学院这样拥有 350 张病床的一所教学医院的医疗性社会需要，要求具有 15 位全职的个案社会工作者的服务，这 15 位社会工作者要接受 6 位个案督导员的督导和一位社会工作主任的指导，这位社会服务部主任还有 3 个训练有素的助手来协助工作。协和医院社会服务部由 1921 年最初只有两位工作人员，发展和壮大到现在的规模已经非常清晰地证明：医务社会工作不仅仅是医院医疗服务的需求和需要，而且也是医院医疗实践中不可缺少的重要辅助性功能。

（原载《中华医学杂志》1935 年第 39 卷）

社会个案工作简说

吴榆珍 [①]

所谓"贝佛理治"计划，原可视为一种战后社会救济计划，这一计划的重要，一方面是为了救济战后人民的流离困苦，另一方面更是为了要稳定战后经济以及促进财富的平均。从消极和积极两方面来谋战后社会的安定，这才是最彻底最有效的根本计划。英美友邦远瞩高见，现在正在进行他们的计划，同时我们中国对此亦早加注意，期与友邦携手共向民生康乐之路迈进。所以在半年以前，本党和政府会有两种关于社会救济的重要决定：其一是十一中全会通过的"确定战后社会救济原则，俾供实施依据，以便复员而利建国案"；其二是国府明令公布的"社会救济法"。这两个决定，都是表现本党和政府对于社会救济的注意和实施民生主义的决心。虽然社会救济法是属于平时社会救济的措施，但是能在战时建立了这一社会救济制度的始基，正是为战后安定社会的根本之国。尤其是在救济法中规定的救济设施，可以说是包括了从出生到入死，这和贝佛理治"从摇篮到坟墓"的计划，在精神上是不谋而合的。至于前一决定，在九项原则中，指明了战后救济对象，是因战事、天灾而受生活威胁的同胞和侨胞，救济方法则为住宅供给、贷款、移民、辅导复业、就业及改业等项，而根本原则，则为"战后社会救济应与国家复员计划及建设生产计划配合进行"。这几项原则，固然是针对着中国的国情和实际

[①] 吴榆珍（1902—1972），女，浙江吴兴人，张鸿钧夫人。获燕京大学社会学系硕士学位，后赴美留学，入哥伦比亚大学社会工作研究院深造。1936 年归国后在多所大学任教，讲授社会工作课程，并著有《社会个案工作方法概要》。

需要，但亦注意到："应与国际救济机构密切联系，必要时得合作举办。"（原案第七原则）这一点也正与贝氏计划中所希望的"携手共进"相契合。

根据着中央确定的原则，我们中央设计局正在拟具具体的方案中，根据着国府公布的社会救济法，我们社会部更积极推动社会救济的基本工作，同时并准备战后社会救济工作及加强国际救济工作的指导与联系。我们敢断然地说：在不久的将来，一定会有一个"中国的贝佛理治计划"出现！

社会个案工作之意义

社会日在变迁进步，人有智愚强弱，智者强者能随社会变迁，能随社会进步，愚者弱者则难适应这变迁进步的环境，因而产生失调现象。此种失调现象不予解决，不特个人生活遭受困难，即整个社会进步亦难圆满实现。为发扬社会正义，负起社会对个人的责任，故有社会个案工作之采行，以谋社会失调之解决，社会关系之畅适。

社会个案工作之对象，是离开正常社会生活标准的个人或家庭，他们不能靠自己的计划和力量解决问题，克服困难，适应社会环境，享受正常生活，而需要社会工作人员采用个别方式助其了解问题与需要，发展其自身的力量；运用社会已有的机关团体以解决其自身的问题而达到自力更生。

社会个案工作之目标，广泛的说法是：（一）辅助求助者发展社会化的人格，以适应其环境。（二）帮忙求助者明了自己的问题和自己的力量。（三）领导求助者善用自己的力量，并介绍社会中可能供其运用的各种福利机关团体与服务设备，以使其获得新认识，发展新观念，养成新能力，创造新生命。

　　具体的说法，是在于：（一）救济已发现的当前需要。（二）改善求助者的生活方式。（三）替求助者寻找职业或职业训练。（四）辅助求助者联络并增进亲友的感情。（五）鼓励求助者恢复社会关系，参加社会团体。（六）改变求助者孤僻的态度，进而努力参加有益社会的活动。（七）会同求助者研计解决问题。

　　社会个案工作之最后目的，是在于使求助者能离开个案工作人员，独立的在社会上作美满的适应。此外，个案工作人员由于在工作中与社会问题密切接近，还可以将其特别显现的各种问题的真情实况，与所得的种种活材料，供给社会，作为建设工作的宝贵参考。

社会个案工作之起源与发展

　　社会个案工作起源于英国，而发展于美国，已有六七十年的历史。英文是 Social Case Work。在美国第一个联锁全城慈义机关团体的慈善协会 Charity Organization Society 最先采用此种方法，慈善协会鉴于许多慈善团体的工作只限于消极的施舍，并没有努力研究分析家庭的真正需要，不但效力很小，而且常有狡猾者能同时在几个机关登记得到帮助，愚笨者连一个机关的辅助也得不到手。因此慈善协会采用社会个案工作方法，调查分析每一求助家庭，予以诊断救治，辅助求助者发展家庭责任观念并善于运用社会上已存在的福利机关，以后，这种慈善协会渐渐普设于全国各城市，而社会个案工作方法也就随之日渐发展。

社会个案工作的种类与范围

　　目前美国公私机关团体，为圆满达成社会救济与社会福利之任务计，设置社会个案工作机关，任用社会个案工作人员，采用社会个案工作方法技术，已收到显者之效果。其主要部门有：家庭社会个案工作，医院社会个案工作，儿童社会个案工作，学校社会个案工作，精神病社会个案工作。

社会个案工作是由家庭社会个案工作逐渐发展到其他几种特殊的社会个案工作，家庭社会个案工作是社会个案工作中□□本□普□□□□。它的□□□□□家庭□的每一份子，它的□□是□个□个家庭，家庭的整个问题，家庭的整个关系。个案工作者□□对家庭的□一份子□问题，每一个问题的各方面子以调查分析诊断处理；他必须协助受助者的家庭认清问题，加强信念，负责努力，自力自强，克服困难，调□关系，加强联系，充实生活；务使全家每一份子皆得其所，每一问题皆得解决，并使家庭与社会的关系得以调整改善，减少问题发生的因素，预防失调现象之再产生。

儿童社会个案工作，是指儿童教养机关和儿童福利团体，为解决儿童个别问题，适应儿童个别需要，所采用的工作方法。儿童社会个案工作的主要方式是联系儿童自然家庭，此外即为寄养家庭。对于寄养家庭，不论其为亲属的家庭、朋友的家庭、抱养家庭、受报养的寄养家庭，或不受报养的寄养家庭，一律均应予以详细调查，慎重选择，经常拜访，严密指导。至于不得已而送入机关收养之儿童，亦不能永远生活于机关之内，必有返回社会之一日，教养机关之社会个案工作人员亦应为每一个儿童作离院之准备，助其恢复正常生活，自力图存而不为国家社会之累。

学校社会个案工作之对象，为有问题的学生，如功课不好、易犯校规、面容憔悴、不肯参加集团活动、放学不肯回家、流浪街头等等问题之儿童。其主要使命，举其要者不外：（一）研究因环境而成问题的儿童与他的问题；（二）使学校了解学生的个人人格，学生的家庭环境与学生内心的问题；（三）使学生了解学校；（四）使学校当局与学生家长互相了解；（五）促进学校与家庭之联系合作；（六）加强家庭与社会对学校之热心赞助。

医院社会个案工作之目的，一方面要预防并解决就诊与住院的病人因疾病而发生的种种社会问题。另一方面要解决妨碍医药治疗顺利进行的社会因素，如住房、营养、职业、工资、工作环境、生活习惯、家庭关系，等等。这些社会问题如不解决，则病人病时固难得到彻底的治疗，病后也得不到适当的调养，即调养痊愈也不容易适应新环境。一个人患病，有其生理因素，亦有其社会因素。生理与社会为病源之一体二面，必须兼筹并顾，方克有济。医生只能医治生理方面的病，社会方面的病必须社会个案工作员负责办理。

精神病社会个案工作之目的，是使患精神病与心理不健康的儿童与成人，得到心理病专家的检查、诊断及科学的治疗，促成病童与病人的心理健全发展，而加强其适应社会环境的实力，成为心身健康的人。精神病社会个案工作的功能，是为预防精神病的发生，协助精神病学家作诊断治疗的工作，便社会人士明了这种病有治愈的可能，帮助病人家属送病人入院，协助病人家属做其他应尽的步骤，并做病人出院后的善后工作。

以上几种社会个案工作，也可以既是普通社会个案工作的几种特殊应用；或是特别发展某一方面，或是需要一种特殊的设备，如医院社会个案工作需要更进一步的医药常识，儿童福利工作当要有寄养家庭的设备。但是社会个案工作的问题和社会个案工作员的准备，不论其工作环境为何，基本相同。

社会个案工作之方法与步骤

在未讨论方法之前，应将社会个案工作基本观点说明。这个基本观点就是不依一般道德的标准将服务对象分为值得服务与不值得服务，医生治病不问病人致病的原因而一视同仁的概予治疗，个案工作员对求助者的态度也当如此。医生所治者为生理病，而社会个案工作员所治者则为社会病。因此社会工作人员对于每一求助者，均应视为值得以最大的努力最好的方法助其解决问题与困难。

社会个案工作进行程序，可以分为五个步骤，即：申请，调查，诊断，设计，治疗或处理。

一，申请：申请就是求助者与社会个案工作员初次的谈话，也就是问题与需要之发现。有时是求助者自己找来，也有亲友介绍来的，也有机关转来的。无论他是怎样来的，社会个案工作员有应当很诚恳很镇静地听求助者叙说他的来意。个案工作员在开始谈话就要注意求助者提出的问题是否属于本机关的职掌。如其问题并非本机关所能帮忙解决，就应当对求助者详细解释，并介绍到适当机关。如问题是本机关所能解决而颇为复杂，就应当立即派□个案工作员专门负责，并开始调查。社会个案工作机关，一经接听请求，对求助者的责任便已开始。如发现此项问题以其他机关处理为宜，个案虽已接收仍可转出；否则应按照社会个案的方法程序，逐步的去实施。

二、调查：个案接收后，即开始调查，调查目标是：（一）调查有无即□救济的需要及适应其需要的可能的设备与能力；（二）树立求助者与社会个案工作员间互相了解的基础；（三）得到所有可能帮助社会个案工作员了解问题的一切事实，即求助者的人格及其可能获得的助力等，以为明了及解决问题的基础；（四）由有关方面的看法得到问题的真相；（五）多与求助者的亲友接近，对他们解释求助者的问题，既可增加他们的兴趣与了解，又可对于求助者的问题与情况获得更明确的认识；（六）在调查中渐渐树立求助者与机关的合作，以为解决问题的助力；（七）发现妨碍个人家庭社会正常发展的社会经济状况，引发社会人士对于此种问题的注意，以求改正。

关于调查的内容，各种社会个案工作机关，因其目的及任务不同，其特别注意点亦各异其趣。通常，社会个案的调查，应包括下列各项及其相互关系：（一）问题情况——除求助者的目前问题外，尚有应顾到的金钱需要、心理冲突与社会失衡状况。（二）乡里的客观环境条件——如房屋、街道、胡同等。（三）人格方面动的要素——如体格、智力、家庭背景与发展、情绪、习惯、特殊技能、对己对人的态度等。（四）关系方面动的要案——如所属社团、交往人士、求助者在所属社团的地位，及其在团体活动中个人的助力与阻力等。（五）社会文化——如语言、家庭关系、家庭娱乐、住房情况、屋内布置、家具外表、院落外表及布置，以及其他设备、灯、水等。（六）经济情况——如经济收入与来源、经常职业与工费、目前职业、职业训练及经历、负债情形、动产与不动产等。（七）求助者对于问题的看法及对于问题发生原因的看法。（八）求助者解决问题的可能办法。（九）各机关方面解决问题的可能办法。

调查的方法可分：（一）参考已有的材料——如先行检查本机关的登记卡片箱中有无求助者的姓名；如在本机关找不到这位求助者的案卷，便向社会个案工作消息交换所查询。（二）与求助者会谈——会谈可分三种：申请时的会谈，调查时的会谈，治疗会谈。调查时的初次会谈是工作程序中最要紧的步骤，操切进问会使求助者心中疑怯，决不可为要多得消息而影响了达到将来工作圆满完成的良好关系。（三）家庭以外的调查：求助者的本家与亲戚、近邻、朋友、医生、医院、诊疗所、学校、校长、牧师、训导员、社团、工会、社会救济机关，以及过去、现在和将来的雇主。询问时应留心不要妨碍了求助者的信誉与利益。城外的消息可用通信的方法，写信给社会工作机关请其代为调查。（四）社会个案工作员的观察：最可靠的办法还是在于社会个案工作员善用他的耳目，本其所见所闻，分析问题情况，用以取得并增加求助者的信心，作为进一步调查的线索；并可用以对照及反驳各方面所提供给的事实。

三、诊断：社会个案诊断是把所有由调查得来的材料，经过综合与分析后，确定求助者的问题所在。其间要经过四个步骤：（一）详细审查并解释所有找到的证据。（二）依次分析每一事实的因果关系。（三）估量每一事实每一因果的价值。（四）将所有找到的材料与事实综合为一准确的诊断。

四、设计：在确定社会个案诊断之后，实施社会治疗之前，有一步工作常常列在社会诊断之内，有时也可以算作一个独立的步骤，这便是社会治疗的计划或简称为设计。这个计划是所拟议的程序与办法，希望依照这个程序与办法做去便可解决求助者的困难。拟定计划时，应顾到伸缩性。因为在一步一步的执行计划时，所发生的新环境与新态度，可使计划有改变的必要。

解决问题的计划必须由求助者与社会个案工作员共同研究，共同拟定，并应包括求助者根据实际经验与背景所提出的意见，以及合作机关的意见，关心求助者的人士的意见，与社会个案工作员的意见。社会个案工作员绝不应当代替求助者决定计划；而应领导并协助求助者自己处理。

五、治疗：社会个案工作员所能给予其求助者个人或家庭的一切服务即谓社会治疗。它可以使求助者对于自己的问题得到深切的认识；发现自己具有无须怀疑的适应力量；运用自己力量与社会设备与协助，一步一步的努力，直至感到自己能解决自己的问题，并顺利的复为社区的独立生活自力生存之一员。社会个案治疗自然不是一两天便能收效，也不只是运用多种社会机关团体便能达到目的的，它需要社会个案工作员应用个案方法，经常不变的一步一步的协助求助者自力更生，才能完成任务。

以上所说的方法与步骤，都是彼此相关相联的。例如，实施治疗，虽然列在第五个步骤，但是自社会个案工作员与求助者初次接触时起，实际的社会治疗便已开始。并且没有一个步骤，其本身自为目的，其本身的目的达到便算终了；相反地，每一个步骤均与整个的过程具有密切的关系。

结论

以上所述，不过要略举社会个案工作之若干要点，用以说明社会个案工作之重要，藉以唤起社工人员对于此基本方法之注意与采用，使我国社会工作的科学基础早日树立，社会服务的效能能充分发挥。以篇幅有限，挂一漏万之处，在所难免，尚祈同好指正！

（原载《社会工作通讯月刊》1944 年第 6 期）

社会个案治疗对于医药治疗之贡献

严佩章 黄德馨

一

健康的本旨，在使人类进化，进化的动向，应以社会福利为依归。没有健康，也就没有福利。身处凡尘，人间、天上、地狱之分，全在福利有无之别。因此，为失去健康的患者们谋福利的工作，与医院内的社会服务工作，构成了社会卫生事业重要部门之一。

最近数十年来，医院社会服务工作，对于医师诊断及治疗之补助，已有显著的成绩。过去，一般纯医学头脑之医师们，只能对症发药，关于病人的家境与心情，所造成罹疾的因素，完全忽略。自从医院社会服务工作提倡之后，心理与生理问题，予以同样注意，以察看患者困苦之所在；至于其康复后之处理与协导，亦计划周详，使能适应生存，并得发展其特长，与享受人生之幸福，以达成社会卫生之目的。

二

美国社会工作者，与医药卫生事业合作后，发现了疾病与社会环境之关系甚为密切，其百分比如下：

1. 身体保护不周，或气候环境不能适应，及营养不良者，占 44%；

2. 经济拮据，致影响身心之平衡发展者，占 26%；

3. 对家庭不满，父子不能谅解，姑媳妯娌相争等因而罹病者占 20%；

4. 对工作不满意者，占 5%；

5. 业余娱乐缺乏，动静失宜者，占 5%。

患病的成因，除上例各种外，尚有病者的个性、人格、文化、背景等因素皆与病原有密切的关系。要使一个病人的身心恢复康泰，如需社会个案治疗与医药治疗相辅而行，方克有济。医药治疗与社会个案治疗，原属异途同归，二者之源流，可图示如次：

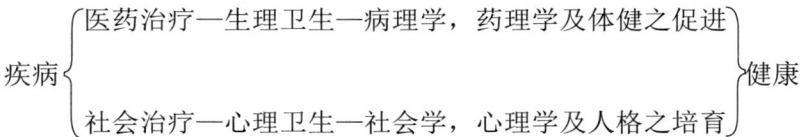

疾病 { 医药治疗—生理卫生—病理学，药理学及体健之促进
社会治疗—心理卫生—社会学，心理学及人格之培育 } 健康

以上两者相合，始能成为身心健康的个人；把这原理引申到大众，便是社会卫生的实施。

社会个案工作进行之步骤有三，其历程与医学上之治疗，大同小异：

1. 社会治疗：① 社会研究；② 社会诊断；③ 社会治疗

2. 医药治疗：① 检验；② 诊断；③ 治疗

三

在我国古籍中，医药治疗之鳞爪间，多与现代理论有不可思议之吻合；但社会治疗，却找不出它的学理背景，有人误认为等于中国的传记，因为个案之内容，正如传记一样，把注重的人物，详加叙述，从他的出生、家世、教育、思想、道德、行为及其经济、家庭现状等，都作详细的分析。不过传记是一种文学，它的性质是介乎历史与小说之间；个案是一种科学，但它不能像历史般单纯的事实记载，而是多方面的体会和观察；也有别于小说，因为它绝对没有空想的成分，不过甚其词，不铺张，不苟且。把"事"与"理"的全部客观表露出来，然后把生理与心理的残缺互相比照，找出症结之所在，施以合理的处置。故站在科学的立场上言，社会个案治疗，是针对疾病因果关系的。

美国一个权威的科学家丁基（H.Dingle）曾这样说："身体的疾病，常与喜怒忧惧相伴而生，此等疾病之治疗，可不必顾到身体，只有纯心理的治疗，便可回复健康。这里治疗原理当然是科学的。"

四

社会个案工作，源于欧美，晚近传入中国，尚未成专门之学；然为适应新医治疗上之需要，其应用范围日渐普遍。从事医药救济工作者，应确切了解与认识病者之过去与现在生理及心理之变态，以明其因果之相承，更可进而代策其将来之趋趋，以早谋因应。

今国内医院之社会服务事业，尚在创始时期，多未臻健全发展，或有以之为贫苦病者请求免费优待，或以之主管员工福利，对急待救助的病人们之呻吟困苦，尚不能援之以乎，换言之，即未能实施"社会个案治疗"。

美国名医罗便臣（Robsin）会对社会卫生工作人员呼吁，请健康的人为患疾病者设身处地，谋其福利，因为病人就其本质而言，疾病是不能适应的结果，是生命中所难免的挣扎。健康者不应轻视或苛待病人，因为"病人也是人"，应该受人的同情与协助。就整个而论，个人之病，即民族之患；个人之强，即民族之盛，彼此实休戚相关的。

我国向有"愚贫病私"之耻，罗斯福总统所倡导之四大自由，恰可为我"疗愚、疗贫、疗病、疗私"之良方，愿从事社会卫生工作人员，能以此自励共勉，积极倡导社会个案治疗工作，以辅助医疗工作之不逮，使中华民族成为富强康乐之民族，洗雪东方病夫之耻。

（原载《社会卫生》第 1 卷第 2 期）

漫谈个案工作和个案分析

吴桢 [①]

一般人都认为个案分析、个案调查是社会调查诸方法中的一种，没有什么深奥的理论基础，甚至有人说它是社会学中的"雕虫小技"、"学士而不为"的单纯调查法。这是对个案工作、个案分析没有深入认识的表现。要知道我国解放前就有过这个专业，而且有过这个职业，有过这个学会，有数以百计的个案工作者终生从事这方面的工作；但当时他们的主要精力是放在工作上，尽全力于解决问题，没有时间和精力从事著书立说。所以我国一些较为出色的老一辈个案工作者，像钱振亚、周励秋、陈文仙、于汝麟、汤铭新等人都没有遗留给我们什么著述。这也说明，为什么个案工作虽然在中国已有半个世纪以上的历史，但提到它，至今仍然是个陌生的术语。我今天讲这个题目，主要是因为目前看了些社会调查的论文，其中虽然有些作者也在试图运用个案工作方法，但总觉得不够熟练，还有不足之处，因此来谈谈这个问题，并非多余，也不是小题大做，而可以说是以小见大，从大处着眼，从小处着手。下面分四个方面来谈：

一、什么是个案工作

个案工作和个案调查或者和个案分析是不同的概念。个案工

① 吴桢（1911—2003），江苏仪征人。1933 年毕业于海沪江大学社会学系，先后任北京协和医院社会服务部工作员、指导员，中央卫生实验院社会工作室主任，华西协和大学、金陵女子文理学院社会学系副教授，金陵大学社会福利行政系教授。中华人民共和国成立后，曾任南京金陵大学社会学系教授，南京市人民政府文化教育委员会调查处处长，江苏省文化教育委员会秘书长、兼任江苏省科普协会秘书长，南京大学总务长，江苏省高教局副局长等职。1979 年社会学恢复重建后，出任江苏省社会学会会长、中国社会学会顾问。

作包括个案调查、个案分析，而个案调查或个案分析却不能包括个案工作。如果用一个公式来表示，可以是：社会工作＝社会诊断＋社会治疗。个案工作是要解决社会问题的，社会问题就是社会病态，调查分析找出解决问题办法的过程，可以说就是社会诊断和治疗的过程。

个案调查是社会调查方法的一种，往往是和其它种调查方法并用的，如统计法、比较法、历史法、实验法等，都可以用来为调查某一种社会现象、某一社会问题而服务。然而个案工作则不然，它是一种单纯的、独立的工作方法，应用于社会问题的调查研究探索产生问题的内在和外在、主观和客观各方面的原因，从而作出科学的诊断。至此，社会调查与个案工作就分道扬镳了。社会调查者可以在收集若干个案材料后，从中抽象出共同性规律，形成或论证一种学说和理论；而个案工作者则要对每一个个案根据其初步诊断，设计出解决问题的计划和方案，然后利用社会资源，启发案主的主观能动性，促使他与工作者互相信赖、互相合作，解决问题。解决问题的过程，是继续深入调查的过程，也是不断修正诊断，修正计划，加强合作共同解决问题的过程。即使这一问题得以解决，社会工作者还未完成任务，他还要定期随访，巩固和发展成果，最后结案。社会调查者搞个案的目的是通过社会调查、研究、作出社会诊断，以论文或著作的形式表述其成果；个案工作者的目的则是通过长期的试验，实际地、具体地解决社会问题，解决问题的工作本身就是目的就是成果。

这里引用一段中国社会学所新编的《社会学概论》（未出版）中附录二《社会学研究方法》中有关个案研究工作的一段话："个

案调查又称个案研究。我国所谓：'解剖麻雀'和'典型'调查基本上属于这一方式。它是将某一社会单位作为一个'个案'，对其中的若干现象，特征和过程作长时期的深入调查，摸透其来龙去脉，反映典型的意义。作个案的单位（案主）既可以是一个代表性的人物，一个家庭，也可以是某一组织。个案调查一般采用研究者参与被研究个案的方式进行，如同干部蹲点实行'三同'那样与被研究者打成一片，行其所行，想其所想，从切身的感受、详尽的资料中取得理论性与实用性成果。个案调查是一种定性的研究方式，它具有质的深度和社会的实在性。个案的研究成果虽然对类似情景下的其它个案有代表意义，但一般不宜作推论。"

我认为这是一个较为满意的定义，它强调了工作人员和案主的密切关系，阐明了研究过程的深入要求，说明了它是定性的研究方式。在这几个方面，我觉得这一定义是很好的。当然我也有不完全同意它的地方，就是它讲个案研究不能用来作推论，我认为要是有一定数量的个案调查后，还是可以进行推断的，不宜把话说死。另外，我还查阅了《辞海》，它关于个案法的解释是："心理学的一种研究方法。搜集关于一定个人的家庭情况及社会地位、教育影响、职业经历、作业成就、健康条件等历史资料，加以分析，从而探究其心理特性的形成和发展过程。是在教育心理学和医学心理学领域内常被采用的一种辅助性方法。"这一定义说明个案方法不仅可以应用于社会调查，也可以应用于心理学研究。该定义的特点是把个案工作规定在一个个人。对于个人的研究，个案方法有其特别明显的优越性；对于社会调查，也有其不可忽视的重要意义。社会学面对的正是千头万绪的社会生活现象和错综复杂的人际关系。换言之，研究人与人的社会关系，是不能离开个案方法的。这是一个研究个人如何影响社会，社会如何影响个人的最有效、最重要的方法。

我们大家有一个共同的要求，费孝通会长两次来南京都谈到，要建立新中国的、以马列主义思想为指导的、符合社会主义制度的社会学。要达到这一目的，首先就要脚踏实地对中国社会作深入的调查研究。胡乔木同志早在全国社会学研究会成立大会上就说过，"既要研究实际的问题，又要研究理论的问题……但就研究的迫切性来说，实际问题的研究更重要一些，应放在更重要的地位"。

众所周知，社会学在中国被禁锢了近三十年，1979年开始恢复。我们看到全国各地的社会学工作者作了不少社会调查，写出了不少社会学研究的论著，这是十分可喜的现象，但我所阅读到的一些调查报告，使我有个感觉，这些文章中，统计法、问卷法、定量分析的比重较大；个案法、定性分析的比重较小。这样的结果是面上现象的描述多，而点的深入不够，对于问题发展的过程、来龙去脉、前因后果分析不够，便显得单薄，没有深度，缺乏实感和立体感。面上的分析只是个横断面，没有历史的分析，没有纵的研究，在理论上自然也很难创新，全国社会学会秘长吴承毅同志在南京曾讲到，创新问题，是在理论上要以马列主义的辩证唯物主义的立场观点来分析问题，在国际社会学讲坛上树起马列主义的旗帜；在社会调查方面要能以无可争议的事实，说明社会主义制度的优越性。我很同意这个说法，要创新中国的社会学，必须踏踏实实地作社会调查，有点有面地、定量定性地研究中国的社会问题。我们要运用马列主义、毛泽东思想的立场观点分析问题，依靠社会主义制度的优越性和群众的社会主义积极性来解决问题，要创造性地用我们独有的方法研究问题，总结经验，创造出崭新的社会主义社会学理论。在这方面，个案调查和个案工作者都是大有可为的。

二、个案工作的起源和发展

个案工作是个比较陌生的名词，但是通过观察研究典型人物、典型社会单位的现象来研究客观社会的方法，则是古已有之。例如司马迁写《史记》，用"世家"、"列传"的方法，写一个人的出身、经历、性格待点、发展过程，来反映当时的社会面貌就是一例。恩格斯《英国工人阶级状况》的调查，也运用了大量的个案材料。毛主席一贯主张"没有调查就没有发言权"，提倡"解剖麻雀"的工作方法。所以个案研究早就在自觉或不自觉地加以运用，只不过没有科学地给予总结归纳，或者使用这个名词而已。

个案调查成为一门学科，个案工作成为一种专业，一种职业，是在美国社会福利事业得到发展的情况下产生的。美国许多大学里就专门设有社会福利行政系或是社会工作系，有的还建立了专门的研究院，已经得到了国际社会科学界的承认。如果再追根溯源，可以推到英国 17、18 世纪的济贫法（Poor Law）。那时英国要搞工业，搞"圈地运动"，大批农民失去土地，被驱赶到城市，成为失业者，需要救济，于是 1601 年，皇家颁布了济贫法。1795 年又颁布了所谓"斯宾汉兰条件（Speenham Land）"，规定工人所得工资，如不能维持生活，可从济贫税中取得补助。这一规定，更加有利于资本家压低工资，加强对工人的剥削，但它同时又施给一些小恩小惠，起到麻痹工人阶级反抗斗争精神的作用。总之，那时所谓的救济福利，实质上是对农民、工人采取的一种饥饿政策。

到 20 世纪初期，西方资本主义迅速发展。资本家既要剥削工人，又要安抚工人，维持他们生活必需条件，使工人活下去，生儿育女，继续为剥削者卖命。因此，社会福利事业有了很大的发展。私人举办的这类事业也应运而生，它是政府救济的一种补充，它往往有一定范围的对象。这些私人事业机构更讲究调查方法、救济方法，他们中就有许多训练有素的工作者，通过社会调查，好使资本家捐献出的一点残羹剩饭分配得更加有效，以最少的花费收到最大的效果，解决一些明显的、使人不安的社会问题。从积极方面看，确实也有一些善良的公民是开明人士，他们想以现代化的社会福利工作取代旧的官办的政府救助事业。他们相信用点滴修补的改良比袖手旁观更能安慰自己的心灵。20 世纪以来，西方国家，特别是美国，社会福利行政学系、社会福利系、社会工作系等等如雨后春笋相继成立，个案工作是这类学科的一门主课，目的就在于培养专门人员，运用专门知识，调和社会矛盾，使那些有困难需要帮助的人，能由于个案工作，满足需要恢复能力和社会地位，过上正常的社会生活。这比旧式的慈善事业，政府救济要温和得多、进步得多。由此看来，个案工作是真正脱胎于私人的社会福利工作。

我们手头缺乏材料，就我所接触到的，我认为从个案工作问世以来，大概经历了 80 到 100 年的历史；这期间的发展，我个人把它划分为三个阶段，供大家参考。

第一阶段，从个案工作问世到本世纪 30 年代以前。这一阶段的工作，可以称作社会诊断或社会病理析因，它侧重以法学观点为出发点，特别重视实证、旁证、传问、文件证明等等，以确定案主的身份和地位，确定他有无受教济的资格。这留有过去"济贫法"的痕迹，有点像办案的味道，个案工作者是救济者，也是"审判官"。这时期的个案工作者是政府救济事业的执行官，处于高高在上的地位。

第二阶段，本世纪 40 到 50 年代，是个案工作膨胀发展的阶段，个案工作者成为专业人员，有了职称，他们写了很多论述，出版年鉴，成立了专门学会，而且对会员的要求较高。1947 年我到美国视察，发现到这样一个特点，个案工作不再是问这个人是否真穷，而是问这个人是否感觉到穷，可以说是以主观心理来作为出发点了。这时期的社会工作者都必须学心理学，他们对案主的调查着重于案主的感情与感觉，仿佛社会问题的关键不在于问题的客观存在，而在于人的主观情绪如何。例如说这个人有病并非生理上的病而是有心理上的病感；自卑并非真的什么不如人，而是有自卑情结。依此类推，一切问题都是主观心理作用，正如彻底的主观唯心论者所说"幡不动，而是风动；风不动，而是心动"一样。不过，也要看到，心理因素确实也是一个不可忽视的重要因素。医药社会工作、精神病社会工作不必说了，像家庭问题、婚姻问题、青少年犯罪、儿童行为问题等等，个案工作确实也离不开与心理学者的合作，运用智力测验、心理测验、特殊才能测验等等，都对做好社会工作有很大的帮助。

第三阶段，是从 50 年代以后一直到现在。近来的发展我们只能管窥一斑，不见全貌。从客观上看，当前美国社会学、苏联、东欧、日本等国的社会学都把重点转向实用方面。社会学在理论方面与其它社会科学有所交叉，又和自然科学，科学技术互相渗透、互相作用，同时社会学的运用面向经济建设、发展生产也是一个世界性的倾向。最近我们所接触到的科学社会学、科学学、系统工程学、人才学、行为科学等等，都有相同的发展趋势。

前些时候，我们接待过一批美国行为治疗的学者，大多是精神病专家。他们对于南京精神病防治院还有社会工作者表示了极大的兴趣与赞赏。当前的国外行为科学，已经历过了一个以所谓X理论到Y理论以至发展到Z理论的过程。美国的泰勒制，重视设备、管理、领导的管、卡、压办法，这已成为过时的管理方法了。日本的企业管理，发现了人的因素，它就强调所谓民主，让工人参加管理；同时注重厂方、管理人员以及工人之间的关系。他们厂里有电脑控制，可以有作千百以上工人个案工作的可能性。电脑中贮存了每个工人的生日、结婚纪念日等数据，到时就挨户送礼，礼轻情义重啊，效果很大。这样可以发挥出每个职工的专长和积极性，使他们心甘情愿为厂方出谋划策、流血流汗。显而易见，这一阶段的个案工作，是进入了一个更加广泛运用的阶段。赵紫阳总理最近在科技工作者发奖大会上就提出这样的口号：搞四化要依靠科技，科技界要面向实际，面向社会，提高经济效益。个案工作有广阔的发展前途，这是时代的使命。

下面就个人所知，谈谈个案工作在中国的发展。

1921年浦爱德女士（Miss Pruitt，美国传教士的女儿，出生在我国山东省）在协和医院创立了社会服务部，向医护人员宣传个案工作的重要性，亲自作病人的个案工作、做家访等等。1927年，她开始招收大学生毕业生进行培训，培训后，取得病院专业人员的地位和待遇。到1928年，个案工作者在医院各科室都有配备了，病房里的各个病员都有了个案调查的记录。其中有的个案工作者，像于汝麒、周励秋就被派到美国进修。这时浦爱德女士还到燕京大学教授个案工作；又和清华、福州协和大学、南京金陵女大、广州中山大学、上海沪江大学等高等院校挂钩，培训了数十名至数百名的专业人员。医院的社会服务部曾达到三四十人高峰，而且产生了连锁反映，成立了家庭福利机关、怀幼会、妇女红十字社会服务部等等机构。

1932年，协和医院内部又成立了职工社会服务部。这是一大进展，实际是个案工作渗透到医院的内部管理中，当时在医院的住院处、门诊部、分科处等处都作了医护人员及职工的个案调查。

抗战期间，又陆续有不少医院高校开设了个案工作课，像重庆中央医院、中央卫生实验院、上海红十字医院、福州联合大学等等。抗战中，个案工作者在红十字会医院伤员医院坚持工作，为抗日战争做出了贡献。

1947年，曾在美国芝加哥大学社会福利系获得博士学位的陈文仙，经过努力，在南京的金陵大学将社会福利系与社会系分开，单独成立系科，开设个案工作课，这大概在全国是唯一的。而且在1948年，成立了社会福利研究院，招收研究生。可见，在解放前，北京、上海、南京、广州等地，社会学、个案工作的发展都有相当基础的。

三、个案工作的原则与方法

个案工作现在虽然还说不出什么系统的理论，但它还是有几条必须予以注重的原则。

1. 从实际出发。个案工作者所接触到的，都是特殊的、个别的问题，因此就不能一刀切，必须做细致的调查，个别分析，个别解决。案主各人的环境、背景都不相同，即使相同，反应也不一样，所以，在工作者与案主的整个合作中，都必须遵循从实际出发的原则。

2. 个案工作符合从个别到一般的唯物主义的认识论。在做了大量的个案工作后，还是可以总结出一定规律的。

3. 工作者与案主必须建立"感通"关系（Rapport）。这就是说要建立双边的沟通。工作者在调查案主时，应该行其所行、想其所想。在访问过程中，应寻求共同语言，不能只是像审问一样，一问一答不行。工作者要尊重案主的人格，感情和爱好，两者应是平等关系，友好协作，互相信赖。当然在工作中还要防止一种感情上的依赖，反而使工作难做。

4. 工作者同时是一种代表者。这在西方资本主义国家，个案人员做工作较为困难，因为他们所代表的机关、单位很可能与个人之间有利害矛盾。而我们中国，个案工作是代表党和政府的，根本利益一致；工作者是向案主宣传解释党的方针政策，而不是私人接触的关系。

5. 善始善终，坚持到底。做个案工作要有一种锲而不舍的精神，最怕的是因为不耐烦、嫌困难而半途作废。解决一个人的问题就是为社会减少一个受害者，但你工作做了一半就罢手，效果是难以设想的。

下面讲讲个案工作的具体方法与步骤:

1. 立案。其中包括登记、编号、分类(英文对应词汇是Intake)。这里要说明个案调查与典型调查有所不同,典型调查在工作前对于调查者是作了一番选择,而个案工作是来者不拒,有一个登记一个,无选择性的。到一定时候,积累了一定数量的个案后,再进行分析,抽象出理论。

2. 访问与家访,这里有很强的技术性。访问中要注意到几点:①访问中要有问有答,双方交换观点。要善于提问题,启发对象积极回答调查者所需知道的东西。问题要问得恰当,不要简单地运用是否型问句,要动脑筋。②访问前要有提纲,烂熟于心。访问时不妨多问几个地址、家庭成员、家庭中的关系等等。谈话中当然不能背提纲,但要有个自然去向,不管怎样颠来倒去,要设法把这些问题一次问清、问完,避免以后修修补补。③谈话中,要记其大意,主要的、重要的东西记下来,一般情况下不要忙着作笔记而打断别人的谈话兴致,这就需要工作者训练记忆能力。④在家访中,除了交谈,调查者要善于观言察色,充分运用现场观察。

3. 搜集你所有的资料,进行分析推断。在进行社会诊断中,"证据"要占很大篇幅。工作者要极为慎重地对待实证(包括工作者亲眼所观察到的)、旁证,以及文件证明、环境证明、传闻等等第二手材料。

4. 个案工作进行了一个阶段后,经过推论作出初步的诊断,也就是过一定时间要作一次小结。推论要根据访问、家访得来的资料作出诊断，再过一段时间后，检验原来的诊断，并加以修正。

5. 作出工作计划。工作者用来解决问题，克服困难的方案要取得案主的同意，不能主观主义，不能强加于人。

6. 执行方案。这就是要利用一切可以利用的社会资源，包括家庭亲属、学校、机关、厂矿等，还要调动案主的主观能动性，大家取得合作。另外，有必要时，在工作过程中，可以随时修改计划。

7. 问题解决后，工作者要作定期随访，以观察工作的成效。一般都是在以后的一月、二月、半年、一年、三年甚至五年以上，这样才能保证个案工作的可靠性。

8. 巩固了个案成果之后，最后结案。

9. 写个案史，也就是详尽的工作汇报。这里要注意几点：①要按时间顺序写，不能搞什么倒装或颠颠倒倒。②案主和工作者可不用本人真名，但其身份材料要翔实。③文字要简练朴实，它和文艺作品以及新闻报道均有不同，要尽最记原话，记细节，记过程。

最后补充一点，工作者要有个案卡，根据工作的需要，要分层分类作片记录，它的重要性和搞科研一定要作大量卡片是一样的。

四、个案工作的运用

个案工作究竟需要不需要，它在当今的社会发挥怎么样的作用，下面简单地谈几点个人的看法。

1. 它作为社会调查的一种辅助方法，和统计法、计量法结合起来运用，所具有的意义，大家都已认识到了。典型调查目的在于深入，要追求事物的因果规律，不是搞些普查，发发问卷可以解决问题的，这就需要提高调查者的修养，运用多种调查方法，全面深入地看问题。

2. 随着形势的发展，看来不仅个案工作被广泛运用，十分需要，而且还应在可能的情况下，成立以个案工作为主的专门机构。譬如：在医院、精神病院、伤残中心、青少年犯罪问题研究等单位，都应有专门的个案调查部门以及配备相应的个案工作者。

3. 从社会主义建设的需要来看，个案工作有着更广泛运用的前景，像人事部门、民政部门、公安部门、企（事）业管理部门、统战部门，还有信访工作、计划生育工作等等，凡是有关作人的工作的同志，都应该多学一些个案方法。

"十二大"提出要建设高度的社会主义精神文明，其中关键的一点就是应该努力形成一种新型的人际关系，这一点，也为大力发展个案工作拓宽了道路，我们作为社会工作者，肩负这样的任务，就是要为开展个案工作，个案调查作呼吁，通过各种途径，进行普及性宣传。不能拿个案工作当作"雕虫小技"，而是要把它作为做人的工作中一种重要的，有效的、必不可少的工作方法来对待。

（原载《江苏社联通讯》1983 年第 3 期）

附：医事社会工作十年记——我的职业生活

医事社会工作在美国已有整整 40 年的历史，在中国，却只有二十九年。最初，在民国十一年的时候，北平协和医院来了一位美国小姐浦爱德女士（Miss Ide Pruitt），她在医院里创立了社会服务部。那时只有她一个人工作，找不到一个人可以帮她的忙，因为那时候还没有一个大学懂得训练社会工作的专门人才。所以在最初的几年，只好她一个人独立支撑，惨淡经营。我相信，那时她是在渡着一个最艰苦的蛮荒时代。

但是这一粒社会工作的种子，既经撒在医院的沃土里面，自然很快地滋长起来。社会服务部这部门工作，也很快地变成医院中最受钟爱的一部。医师们喜欢它，因为它帮助他们作科学的研究，他们所曾经治疗的病人，不再像从前那样一走出医院便失踪了，现在他可以随时请社会工作员把病人找问来，给他们做"随访"的研究，医院当局喜欢它，因为他帮忙医院解决许多困难的行政问题，病人和医院发生误会的时候，社会工作员可以去排难解纷，医院行政中许多脱节的地方，社会工作员都可以设法弥补；当然最喜欢他的还是病人，因为它像慈母一样的抚爱、了解，而且在必要时给他们最有力、最有效的帮助。

十年前——二十三年的八月，我起始到协和医院社会服务部去工作。其时的社会服务部已开展到全盛时代，好几个大学都已有了社会学或社会工作的主修。所以当时的同工，差不多都是主修社会学的大学毕业生，人才济济，盛极一时。医院里，每个病房、门诊部，每一科都有一位或两位社会工作员专门负责。这标准是很高的了，美国的大医院里，能够每病房、每一科有专人负责也要认为是很理想的。

协和医院社会服务部的队长，对于中国的社会工作，有极大的供献。第一，它在医院中打开一条途径，以前有许多想不穿，医院里要社会工作干什么，可是它在医院中充分地发挥了社会工作的效能。于是，南京的鼓楼医院、济南的齐鲁医院、四川的仁济医院、上海的红十字会医院、福建的协和医院，都相继成立社会服务部，并派人往协和实习。这样便奠定了医事社会工作的基础。第二，它充分地表现了个案工作的用途，那时在北平一隅，即有家庭福利协济会、怀幼会及老人院等组织，利用个案方法应付家庭解组、私生子、依赖儿童、贫穷、老年等社会问题，这些机关的工作人员差不多都是从协和医院训练出来的。所以这十几年的滋长，不但自身繁荣起来，而且也在刺激其他的社会工作共同滋长，共同繁荣。

二十六年的夏天，卢沟桥的炮声响了，北平自然先受到影响。在敌军尚未"步武堂堂"，行"入城式"以前，北平已有六百多名因抗战而受伤的荣誉军人。这六百多抗战勇士里面，一大部分是二十九军，还有一小部分是在通州屠杀鬼子们的保安队。这些人都由红十字会接到城里的后方医院治疗。在这后方医院里面负医务责任的，有协和医院和北大医学院的医师，负行政责任的则为协和医院的社会工作员；后来敌军入城，后方医院就陷在最困难的地位中了。在这样险恶的环境下，后方医院仍然支持一年多。我另一位的同事——恕我不便说出她是谁——一面在努力解决他们的衣、食、住的问题，一面在给他们职业准备。同时我们暗暗地和许多爱国团体联络，偷偷地把治愈的伤兵输送到前线或是游击区。这一年过的比十年、比百年更觉得长得可怕。世间最痛苦的事，大概就是生命没有保障了，往往夜半邻人的敲门声，会把我从梦中惊醒，以为是敌宪来拘捕。最使我印象深刻的，是在二十七年的国庆日，浦爱德女士回国，协和社会服务部的同事开会欢送那一个晚上，有四个作过游击队的逃回城里，被我暂时藏匿在调养院中的伤兵被捕了。这可怕的消息给了我很大的打击。我虽然很惊慌，但仍然强作欢笑地敷衍这欢送会的热闹局面，以后这四个人，永远没有回来，可是他们竟也没有牵扯我。这一年多过度紧张，看见了不少可歌可泣的故事，也逃过不少可怖可骂的狭路。但是我回想起来，却十分快意，因为在后方医院结束时，只有少数残老、病废的送往救济院收容，其余的都被走私了。我最高兴的是我所从事的医事社会工作，竟很成功地应用于伤兵，而且很显然地帮助了抗战的力量。

二十九年，北平的形势愈见恶劣，青年人被捕的一天比一天多起来。我个人听到不少不可信又不可不信的谣言。有一次因为一个旧日的伤兵犯了案被捕，几乎被他连累，我便决意离开北平。同时，社会服务部在协和医院也在渡着最艰苦的日子。那一年是协和医院里护士最有权势的时期，许多执政者都主张医事社会工作应由公共医生护士去做。这个论调甚嚣尘上，于是社会工作员便处处感到压迫与排挤。那时，其实已是抗战后的第三个年头，无论社会工作者，或是公共卫生护士要想工作，到处都有园地，正不必在医院中明争暗斗，我因不堪敌伪的压迫，也看不惯这类无聊的争斗，便在五月间悄悄地离平返沪了。

在上海住了差不多四个月，大半的时间都花在打听西行的路径和结伴同行的安排。在这期间，参观了一次红十字会医院的社会服务部，他们的工作员姚慈爱女士和林圣观女士都曾在协和医院受训练过，所以一切系统，都还有协和医院的规模。到当年的九月，决定取道杭州、金华、鹰潭到江西，十月底抵大庾，在家兄处住了两个月。十二月八日太平洋战争爆发，这消息使人振奋，中国三年多的单独苦斗，可以有真正共患难的朋友了。那时又作赴渝的打算。十二月初，我以香客朝见圣城的虔诚，取道往战时的首都。

经过桂林时，遇见李璀女士，也是协和的老同事，也是医事社会工作的老资格，她由美国回来不久，正在那里创办省立医院的社会服务部。这是我到内地后，第一次见到的医事社会工作机构，可惜是在初创的时期，还看不清它的眉目。

这一年的圣诞节是在贵阳过的。在图云关红十字会外科整形中心，遇到宋思明和邹玉阶两位老同事。他们在为伤兵服务，教他们以能谋生的技能。我很喜欢这种工作，因为对于受伤的兵士的职业指导与技能训练是非常重要的。这是医事社会工作与抗战的整个计划相配合的一种积极工作。

三十年的一月抵渝，因为一时找不到合适的工作，便在资源委员会做了六个月的员工福利工作。正在这时，协和的老朋友丁瓒兄来访，畅谈一宵，得知协和医院已被敌军掠夺，训练医事社会工作人员的大本营自然也完了。只有相对唏嘘，感慨系之。那时他已在中央卫生实验院发动心理卫生的工作，劝我也去同一机关发动社会工作。我一时高兴，便辞了原职，同在中央卫生实验院工作，我则受命负责社会工作室的工作。

在这机关里整整做了三年，教了两班公共卫生医士的个案工作，在沙坪坝卫生实验区开始了社会服务的工作，帮助了中央医院成立了社会服务部，又协助了璧山县卫生院成立了社会服务部。这三处的社会服务部，或者没有固定的预算，或者经费太少，工作很难推展。最感困难的是没有人才。有一个时期，我需要奔走于沙坪坝、歌乐山与璧山之间，顾此失彼，大感捉襟见肘之苦。后来幸而中央医院的服务部由钱且华女士去负责，璧山的社会服务部则因当局不予支撑而停顿了。这三年自己在内地办理医事社会工作，得到了不少痛苦的经验。主管人的官腔，一些人事上的摩擦，行政的混乱，公事的压积延宕，真令人哭笑不得。又加上一般医门口的通病，计划多工作少，野心大预算小，实在令人感觉不愉快。与其在那里支着社会工作的空架子，或是把医事社会工作完全变了质，倒不如撒手不管的好。况且这几年感到的最大的痛苦，是人才的缺乏，倒不如回到学校去训练人才有功效些。于是在今年——三十三年的春，辞去中央卫生实验院的职，跑到成都华西大学来教学了。抵蓉后，听说中央医院（今改为上海医学院附属医院）的社会服务部已经取消了，中央卫生实验院的社会工作室也已取消。重庆的医事社会工作，硕果仅存者要算是重庆医院（今改为中央医院）的社会服务部，该部由燕大毕业生郑兆良君负责。

在成都的从事社会工作者最多，社会服务事业也最发达，而医事社会工作也比较有成绩。例如华西、齐鲁两大学合办的联合医院，新医院中的社会服务部有钱且华女士负责，四圣祠男院的社会服务部有俞锡玑女士负责（现由卢宝媛女士负责），还有中央医院的社会服务部则有骆美芝女士负责。但是这几处的社会服务部，都多少变了质。似乎现在的医务人员，对于这种工作的认识不够。不知怎样利用，也不知怎样合作。医院当局也多半误解社会工作，只叫社会工作员负担经济一方面的工作。最大的误解，还是因为抗战中，一切都有些反常，而且一般人的流动性太大，很难有深悉的个案调查，幸而这些社会工作员都是颇有经验的，而且他们当有同业的聚会，常与各大学的社会学系有来往，在多方的鼓励与刺激之下，自然可以有长足的进步。

我从事医事社会工作将近十年。就在这第十个年头，忽然脱离了实地工作的阵线，躲进了象牙宝塔，心里不免有些抱愧，也不免有些心酸。眼看着这颗医事社会工作的幼苗，正该"方兴未艾"，谁知道会在抗战的大风雨中有倒偃的趋势。现在抗战七年，胜利已依稀在望，战后的卫生政策，一定鼓励公医制度。将来得到盟邦物资的帮助，必然全国遍设医院。那时成千的医院，需要医事社会工作人员，我们又怎样应付这大时代呢？思念及此，觉得爱护、扶植这颗幼苗的责任重大，希望在最近几年中，迅速地训练起大批的医事社会工作员，把这重担肩负下来。来成都后，遇见许多旧雨，有些为生计的压迫，已然改了行，多数的都还在奋力苦斗。抚今追昔，不胜感慨。感慨之余，记下这一笔流水账，也算是医事社会工作的一点史料。

（原载《西风》第 68 期）

社会计划与乡村建设

许仕廉

"计划建设"的口号在中国近来已很流行。无疑的这是任何国家求复兴所必经过的途径。但整个计划的成立，谈何容易？决不能闭门妄造，或盲目的抄袭他国陈法。

此文一方面揭举中国与欧美各国社会的殊异；一方面更进而提出在这种社会情势之下，社会计划所必须认清的条件及特性。

许先生认为中国社会计划必包括乡村建设，乡村建设是复兴中国民族必需的方案。为了检讨我国现有的乡村运动是否合乎社会计划的意义及要素，特地将华北乡村工作举例阐述，而指出此后乡村建设所应采取精神，所应包含的内容。

（一）乡村建设是社会计划的一方面——社会计划（Social Planning）与经济计划运动（Economic Planning Movement）的重要，已为国内一般人所注意，本文无庸多述。苏联第一次五年计划，已告成功；第二次五年计划，正在猛力进行。美国罗斯福总统的"新政"（New Deal），也算是求适合美国社会的一种计划经济运动。其他国家，如德意志、意大利等，立场虽各不同，都正在努力于计划的建设。

计划的建设，或社会计划运动，是欧战后必然的趋势，是战后求复兴社会的必须方案。每一国家的人力资本和资源，是有限的。经过一次世界大战，各国元气大损，社会经济大受破坏。休战以后，在此破碎局面之下，必求整个社会动员，以有限的人力、财力、物力，恢复战前状态，而更求发扬光大。其步骤第一是产生的一种民族的意识，为整个社会动员的心理基础。第二是规定建设的纲目，决定那几样事应先完成。第三是测量国内的经济资源。第四是用国家力量，统制重要建设工具，如土地、金融、交通等等。第五是依着计划从事各方面的建设。所以计划运动，可以说是"国家的总清算"，是求全社会动员，检举过去损失，重新设计方案，不独恢复旧时繁荣，更求创造新的文化。

中国要求复兴，自然不能不有社会计划或经济计划。但中国的计划建设，因中国社会情况不同，决不能与苏联或德意志的办法相同。第一，中国的政权，不是无产阶级的独裁（Dictatorship of The Proletariat），没有苏维埃制的集中。我数年前在莫斯哥，问一位莫斯哥大学教授，苏联式的经济计划，在中国是否可能？他说，中国没有苏联式的苏维埃专政，经济计划是不可能的。第二，中国无强大有力的社会舆论及财阀，美国的 New Deal，在中国更做不通。第三，中国无外国的经济援助，像莫斯哥的社会计划，在中国也走不通。第四，中国无已形成的工业文化，无有组织的劳动阶级，无尖锐化的阶级斗争，无逼上梁山的种族自觉。

所以中国的社会设计或经济设计，必认清四个条件：第一，中国的社会，大部分在农业经济之下，其设计的目标，是改造农业经济，使他在世界经济内有一坚强的地位，以换取工业国家的制造品，如机器之类。第二，中国的政治心理，大概是家庭式或村镇式的分治。中国民族的重力，向来不在政治的组织，而在社会的团结。第三，中国无单个阶级，其势力能统制全社会。中国资本家的势力，并不雄厚。军阀势力之不能统制全国，从袁世凯等之失败，已可概见。中国社会里，惟一普遍的而有组织的并带传统性的势力，是地方绅士。每一区镇有区镇的绅士，每一省有省的绅士，他们是无系统的。在中国全国，无系统化组织化的绅士阶级。同时各地方的绅士，上可以挟政府力量而威胁平民，下可以挟平民而威胁政府。一切建设计划，不能忽视他们的势力。第四，中国之复兴决不能倚靠国外势力，在"九一八"以后，已极明显。同时中国如能组织他的社会力量及民族力量，控制世界各国对华政策未始不是可能之事。在民十六年武汉九江租界之收回，帝国主义知退让，已有先例。

所以中国的社会计划，第一，不单是工业的建设，必包括乡村的建设。第二，不单是政府的主动，更是社会的主动。第三，其重心力不是外来的，是内发的。第四，其最大目标，不在政治组织的刷新，而在社会经济的改进。中国十年来的乡建运动，是由中国民族内发的，由社会主动的，求改进乡村社会经济的一种建设。是中国社会计划中一重要部分。其意义之重要，与苏联的五年计划，与美国的"New Deal"相同。他就是中国民族所产生的，而适合中国社会特殊情况的一种计划建设，所以我认定乡村建设是中国社会计划的一方面。

（二）社会计划的意义及其要素——乡村建设，是社会计划的一方面，是用有系统的方法，求某种计划的社会（Planned Society）的实现。我们的问题，就是："甚么是社会计划类咧？"

社会计划的定义很多，各学者的意见亦不一致。我根据各家意见，求一个综合的解释，大概如下：社会计划，是以有系统的方法，将科学的技术运用到区域社会里去。其目的在固有人口状态之下，以有限资源和有限技能，用效率最高而最经济方法，为最多数人口谋最大之福利。

依上述定义，社会计划，有三个要素：

甲，人口（社会之生物基础），包括人口之量及人口之质。

乙，资源（社会之物质基础），包括矿产，土地及水利。

丙，技术（社会之文化基础），包括各种发明并从发明所形成的经济组织，各种习惯并从习俗所形成的社会组织。及各种统制与统制运用所形成的政治组织。

社会计划之实施，须根据五原则，否则不能成功。

第一，他必是对各社会单位能适用的。中国社会，不是笼统的，是可分为村镇市省等等单位的。每项建设，应明白规定最低的单位；而该项事业，确是能适用于单位社会的。否则建设只漂浮于上层社会，而不能深入下层社会，不是彻底的，是不能持久的。第二，任何社会计划，必是经济自给的。即每项建设的经费，每社会单位的人口，可以担负，其结果，可有净余而不至亏损。若有亏损，该建设亦不能持久。第三，每项社会计划，是根据各社会单位的自然需要所产生的，不是几位理想家强迫社会违背本身利益去接收的。第四，社会是整个的，非零散的。社会计划，亦应整个的，非零散的。所以单是卫生改良，改不动的；单是合作，合不起来的；单是教育，是无用的；必定教育、合作、卫生、农业等等，同时并行，统筹办理，方能收效。第五，社会计划的实施，一定要尊重地方领袖及地方组织，便可以走得过，可以持久。否则人存政举，人亡政息，与整个社会，无大补益。

社会计划的意义及其要素，既如上述，我们又要问：乡村建设，是否要以有系统方法，将科学技术，运用到乡村社区里去？乡村建设的目的，是否在现有人口资源及技术条件之下，用效能最高而最经济办法，为最多数人口，谋最大之利益？乡村建设之实施，是否能满足上列五原则？乡村建设，是否出于中国社会自动，为应付民族需要，求一个计划为方案？为解答这些问题起见，我大略的叙述华北乡建运动的原始及其发展如后：

（三）华北乡建工作举例——华北乡建工作之提倡，起源于曾文正。太平战争结束之后，曾氏认为中国复兴，要走两条路，第一是外交，第二是乡村建设，梁氏堂王鸿一诸先生奉曾氏之说，便努力提倡"村治"。后梁先生致力于垦殖事业，内蒙古垦殖之发展，梁氏之功不浅。开垦与新村建设，当然是乡村建设一方面，故今日在察哈尔绥远一带，新村运动极普遍。冯玉祥督河南时，奉梁氏为师，极力主张村治。设村治学院于河南百泉，召王鸿一先生讲学其中，王氏未能应聘，举彭禹廷、梁耀祖二先生为正副院长，主持院务。同时米迪刚先生，亦笃信儒学及曾、梁、王之主张，即以定县翟城村为实验区域，实今日定县实验工作之先河。同时严敬斋先生在山西提倡村自治、区自治及乡自治，协助阎锡山氏设计全省乡治工作，一时引起国内舆论之注意，认山西为中国之模范省。惜其工作不彻底，严先生主张不能完全实现，其成效不大。冯玉祥氏离开河南后，因政治关系，河南村治学院停办。彭禹亭先生领导其生徒，在南阳镇平内乡浙川等受匪蹂躏的区域，从事乡村自卫及乡村组织工作。三次战败红军，使其不敢深入豫西，而转窜赣南，演成日后江西"共匪"局面，而河南得免于大批破毁。同时梁耀祖先生受韩主席之聘，创设山东乡村建设研究院，划邹平县为研究院之实验区，并约梁漱溟先生为研究主任。彭禹庭先生被害后，河南乡建工作主持无人，梁耀祖氏辞山东院长职务，而从事于豫鲁乡建联络设计工作，并举漱溟先生为山东研究院长，其研究院实验区，由邹平一县，扩充至二十六区，再扩充至十四县。

欧战期间，晏阳初先生被青年会派往法国，为赴法华工服务。晏君深感华工不识字之苦，毅然以驱除中国文盲为己任，组中华平民教育促进会，编千字课，开设平民学校，指定定县为实验区。后感觉到除文盲工作，仅属片面，故将文字工作，扩大为乡村建设工作，与河北省政府商妥，设河北县政建设研究院，以全县为实验县。又欧战后数年，华北发生大饥荒，中外热心救灾人士，组华洋义赈救灾总会，以章元善先生为总干事。后章君及于永滋先生，深感赈灾工作过于消极，于急赈之外加办工赈，再加办农贷及合作，由救灾而达于防灾。今则由合作社加办乡村建设事业，由片面的工作做到整个的建设了。同时几个大学如燕京大学、南开大学、协和医学校、齐鲁大学、师范大学等，深知旧式的外国化的高等教育不合实用，要有实用的教育，必实地考察中国社会经济状况，并从事社会实验。所以燕大同人，提倡实地社会调查，开办清河试验区，组设乡村建设科。南开则提倡实地经济调查，组设经济研究所。协和则提倡乡村卫生，其教授学生以定县、清河等处为实验场所。

最近山东研究院，平教总会、南开、燕京、协和，诸校之热心乡建工作同志，如梁耀祖、梁漱溟、孙则让、晏阳初、瞿世英、陈志潜、杨开道、张鸿钧、章元善、于永滋、戴乐仁、兰安生、何廉、方显庭诸君及银行界领袖如周作民、卓君庸诸君，深感乡村建设工作，大有联络协调分工合作之必要，正在彼此讨论进行方案，其目的无非集中力量，充实内容，使整个工作计划化。在教育方面，有计划的训练；在行政方面，有计划的建设；在推广方面，有计划设施。

可见华北乡建工作，不是一元的，是殊途同归的。有的是教育家、研究家，又有的是政治家、银行家，又有的是社会服务家。各人立场、职业虽不相同，在各人工作的进展中，深感到单从教育、合作、卫生、工业、商业、行政入手，社会所收实效甚浅，效率不宏。必各方面同时并进，分工合作，以整个社会为工作对象；以复兴民族，创作新民，为最后目的；以有计划的、有系统的办法，为实施步骤。所以华北的乡村建设运动，可以分为三个时期。第一是哲学的时期。此期工作，大概是根据各个人的人生哲学如儒家学说，人道博爱等等观念，分别进行乡村改良工作，或新村组织工作。第二是实验的时期。是各种技术人才，以科学的立场，在某县某区，从事于实验示范推广工作。第三是计划的时期。是各种技术人才，以民族或整个国家为立场，在某种计划之下，各方面并行建设，分工合作。现时华北乡建工作，正由第二期渐渐的转入第三期了。

在华东、华南方面，乡建工作，差不多有一样的经过。最早有陶知行先生的教育改进，江恒源、黄炎培先生的职业教育，邹秉文、谢家声先生农业教育。后来陶先生创办晓庄，江、黄诸君成立徐公桥等实验区，邹秉文先生提倡运销合作，谢家声先生提倡农业推广，梅思平、胡次威先生从事实验县政于江宁、兰溪等处。最后中央政府注意到乡村建设，成立农村复兴委员会，中央农业实验所等机关。全国经济委员会在江西计划十个社会中心区；每中心区同时举办农业、合作、教育、卫生各项工作。

依上述事实，我们可以想度中国乡建运动的意义。第一，中国乡运，是由社会发动一个民族自救的运动。第二，中国乡运是努力要将现代科学方法，运用到中国社会，深入民间，普遍到最低的社会单位如村庄等。第三，中国乡运，是根据中国社会自身需要和利益，是求经济自给的建设。第四，中国乡运，是集合农业、合作、卫生、教育各方面综合计划的，不是单刀直入的；是顾及中国社会组织全部的，不是片面的。乡村建设与都市建设是国家建设的两方面。"到乡间去"与提倡工业是一个社会经济计划两方面。不过中国社会，大部分以农业经济为基础。必先发展农村经济，都市的工业才有一个基础。中国过去的实业计划，因没注意到此，多多失败了。所以中国的社会计划应分为三部分，第一是乡村建设，第二是工业建设，第三是国际改善。乡村经济稳定，工业才能发展，国家经济才能充实。国家经济充实了，我国民族才有实力和列强交涉，改善我国国际关系，求民主自由平等，促进世界和平。所以在民国二十三年十月，我代表全国经济委员会及实业部赴河北定县参加全国乡村工作讨论会。于九日晚，与晏阳初、梁耀祖、杨开道、张鸿钧、梁漱溟、陈筑山、瞿世英、高阳、李景汉、孙则让诸君互谈本人工作旨趣，余草下列数语以应："发扬国族精神，利用科学技术，增加中国社会组织效能，以应付世界变迁，而促进人类文化！"中国乡运的立场，是民族的，是科学的，是计划的。

（四）乡建计划的各方面——我们在定县，又会讨论乡村建设的最低限度。大家感觉到乡村建设的内容应分为两种：第一是关于地方社会的建设，第二是关于国家政策的规定。前者包括（甲）农业，（乙）乡村工业，（丙）乡村合作，（丁）乡村卫生，（戊）乡村教育，（己）社会行政及地方政治。后者包括：（甲）社会统计，（乙）土地政策，（丙）水利，（丁）交通，（戊）垦殖，（己）币制，及（庚）关税。

乡建内容既如上述，我们的问题是："如何使各技术方法，深入乡村去？"此问题可从四方面分析：（甲）方法，（乙）人才，（丙）组织，（丁）经费。即在农业、合作、卫生、教育等等方面，应各有深入民间的方法，有深入民间的人才，有能运用方法容纳人才的适当组织，有负担此项组织的经费。若每种技术科目，完成此四项工作，真是一个革命的功业。真是不容易的事，而是势在必行的事。兹以卫生、农业及合作为例。

中国公共卫生的发展，可分五时期。第一是医药教会时期。起初有许多医士，本着耶稣救世救人的精神，来中国开设医院，介绍西洋科学医术于中国。第二是医药研究时期。为协和医学校之创设，原欲罗致有名专家，根据中国事实，从事高深的医药研究。第三为医药运动时期。第一、第二两期，主动多在外国人方面。现在有了中国的领袖，便组织中华医学会、中华护士会等等，由中国的技术专家，领导中国的组织，介绍科学方法到中国社会里去。第四为医药行政时期。在中央设卫生署、卫生实验处等，在各省设卫生处，各县设卫生院等。在第一、二、三期的活动，其经费来源，多是外国。则第四期，一切经费，大概由中国人民所纳赋税得来，即中国人用中国钱，运有科学方法，治中国人的病。但中国五万万人口，差不多人人纳税，是不是人人有病都受医治咧？否！否！纳税者虽有数万万，而能受惠于公共医院者，不及全人口百分之五。如是大多数出钱，少数人享成，天下事之不公平，宁有过此！故到第五期，便是医药计划时期。在医药方面，必有一整个计划，使全社会尽了纳税义务的人，可有享受公共医药卫生的权利。换句话说，在村有卫生技术员，在区有卫生事务所，在县有卫生院，在省有卫生处，在中央有卫生署。使三万万五千万乡村人口，人人可以享受现代医药的利益，这便是乡建计划中关于公共卫生的工作。

中国农业的发展，也可以分五时期。第一期是外国农业时期。有几个外国教士，介绍西洋种植方法及种子到中国来。第二是农业研究时期。金陵大学、中央大学等创设农业学院，从事高深研究。第三是农业运动时期。由中国农学界组织中华农学会等机关，促进科学的农学。第四是农业行政时期。先后成立农矿部、农业司、林垦署等等。第五期就是农业计划时期，如何使科学的农业，为中国七千万农夫所受用。使现代的方法，能深入农村里去。

中国合作的发展，不如卫生及农业的深进。最初也是几位西国教士或专家介绍合作组织，为救灾防灾的一个方案。第二期是合作研究，各大学及中国合作学社，从事理论的研究。第三期是合作运动时期。有各省合作协会之成立，全国合作事业讨论会之召集。第四期是合作行政时期，各省虽有合作指导委员会成立，中央合作发现机关尚在筹备中。第五是合作计划时期，现在更谈不到。

可见乡村建设的各技术方面，都有差不多同样的经过，都是由少数人零星介绍，到高深研究，到普遍运动，到行政组织，而最后人于社会化计划化的地步。乡村建设运动，是促进各项科学事业社会化计划化的最大力量。此社会化（Socialization）的功用有四。第一是有系统的。以各样科学技术，用有系统方法，介绍到乡村里去。再由村而镇区市省及中央，完成一国家的技术组织。第二是联合的。是集合农业、合作、卫生、教育、社会行政等等同时采用，通力合作。第三是科学的。以科学的人才、科学的方法、科学的组织介绍到中国社会里去。第四是民族的，我们要从民间来，也要到民间去，从民间来的是民族意识，是乡村建设的心理基础。到民间去的是科学技术，是乡村建设的实际工作。所以乡建运动是中国社会计划的一方面，是复兴中国民族必须的方案。

（原载《社会学界》第 8 卷）

社政学发凡

蒋旨昂 [①]

大学科目中，原有社会机关行政一门。近为适应时代需要，改授"社会行政"于华西大学。今逢社会行政学会成立伊始，爰将所关心者，扼要提出，庶几抛砖引玉，以中国事实为根据之"社政学"得以建立。则幸甚。

社会行政之特质

社会行政之所以别于他种行政，特点有三：一曰发挥民力之目的。社政盖即达成社会建设之一种手段。而社会建设□国父释为"团结吾国之人心，纠合吾国之民力"。二曰自下而上之精神。民力不可强求，只能引发，来自基层。三曰组训与福利之合一，组织训练所以团结纠合，而团结纠合又必以国人之福利为内容，为目的（详见拙作《中国行政》二卷五六期"社会行政之基本问题"及全国第一次社政会议征文"社会行政与社区组织"二文，均去年十月发表）。

据此分析，试以一般行政学之范畴，提出社政学之主要内容。

甲、机构

社政机构，须合一般行政原则，尤应作如下之探讨。

一、金字塔。行政机构之基本原则，横则系统完整，纵则层次分明，新兴事业，局面亟待展开，每多东拉西扯，头重脚轻。社政新兴，然能把握其目的确在基层力量之培育，而不旁骛，则

---

① 蒋旨昂（1911—1970），男，河北丰润人。1935 年从燕京大学毕业后，赴美国西北大学留学，主修社会学，1937 年获得文科硕士学位。归国后，任华西协和大学社会学系副教授。1954 年起，任四川医学院总务长、教务长。著有《社会工作导论》《战时的乡村社区政治》。

其系统自可完整，其层次亦将分明。是故社政机关，须作金字塔形，既能显成整体，而又阶级确立：事权集中，影响遍及，上者求其单一，下者求其深入，在中央，机构力谋简化，且便外勤——吾人宁可增加眼到、口到、脚到、手到之辅导人员，其地方机构则尽量普设，而以服务为主体，庶使治事者多于治人者。

二、三联制。三联制之于社政，更有其一般行政功用之外的特殊意义，盖设计、执行、考核，非仅社政系统之内所必需，而因社政之精神为自下而上，其设计与考核，乃更有赖于社区分子之热烈参加。行政学者得自军队运用之教训，一关统属，一关参谋。社政之中，与其注重统属，勿宁谓其更应注重参谋，盖社区力量之参加，实为社政成功之主要条件。而设计与考核，均为社区表现力量之机会。至于社会工作（社会服务与社会行政之总称）之需要社区调查亦以此故，不仅可作行政之参考，且更足以鼓励社区之同情。

三、分工法。行政机构之间，力求系统完整，以便分工合作；行政机构之内，其理亦然。分工之标准，遂甚重要，现行社政机构之分工，首以组训与福利等"方法"为标准。吾人则以为组训与福利，方法必须合用，而应以"对象"为主要标准。教育部分为高等教育、中等教育、国民教育等司，各就其对象而分，法颇可取，若以农、工、商、青年、妇女、儿童等对象为社政分别职掌之主要标准，则组讯与福利等方法，可以合用，庶无割裂任何一种对象之虞（参阅前年拙作《现代读物》六卷九期"组织福利事业——社会行政之路"）。

乙、经费

表面观之，社会工作，似偏消费，而其实效，则有助于国力之产生者，至为深远。故社工经费须在良好社政机构之下，予以积极运用之机会。

四、政府财力与社区资源。社会工作所费至巨，万难皆由政府担负，所幸社政机构创立虽新，服务社会，解囊相助，则早成传统之民风。此种社区资源至为宝贵。如何使其源远流长，发挥其最大效能，且不致由于监督而隐匿枯竭，均宜研讨；而补助金制之利用，实为要图。盖补助金非所以"买好"，而确有其扶掖促进之功。本年九月二十九日国府公布之社会救济法，对于此点，颇致意焉。

五、事业费与行政费。社政既重引发、领导，其事业费遂应偏重于实验之奖助与成效之推广，而其行政费则宜减至最低限度，盖吾人须以极少之人员，完成最多之事功，此不仅行政学之原则，亦乃抗建期中。革命志士应有之义务。虽然，非谓社政人员应享之待遇可以过苛也，盖一人真抵一人用时，社政即已成为专业；社政既成专业，则其人员理应享受专业之待遇。

六、预算与计划。社政对象，解决需时，效难立显，遂致浅见者流，误以进度预计为官样文章。实则，社政效率之获得，势须预先计算周全。一个特定时期（普通一年）之计划，以金钱数字表出时，即成预算，人、事、时、地、物之使用，均宜预为明确安排，按照收入而比例配给之支出预算，亦不应径以十二除之，以得每月之经费，即为满意，盖真正之预算，须扣合工作季节性，物资集中购买等类之需要也。值兹抗战，社会要求舆夫物价高涨，变动均大，预算几需定期修改，但预算与工作计划之密切配合，终不可专为疏忽，致损效率。

丙、人员

社会服务既有其悠久之历史，通常遂多谓人人能负其执行之责。然在今日，如何培育有效之专业人员，实为当务之急。

七、基本训练。社政人员不能不有一套社会政治的思想体系，以为工作之南针，此种体系产自对于国家之主义及当前之国策之了解。进而言之，社政之对象为人民，人民即系目的，则社政人员对于人民之企求，须能把握，凡此了解与把握，均为社政人员之基本训练。

八、专业地位。社政人员更须有其技术训练。既名技术，则实用不能轻于学理，一方得自服务，一方得自行政。服务直接影响人民，而行政则领导服务。虽各有其技术，而社政人员仍须选自优秀服务人员之中，使之兼得二者之长，则其专业地位，可以无事。

九、新政新人。徒法不足以自行，社政新政，须用新人。此所谓新，绝无年龄或性别之限制，乃指工作技术及进取态度而言。此种新技术、新态度、似均非短期训练，所可换药换汤。长期的专业教育之设施，确为目前所必需。

丁、报告

政治制度仅为社区诸般制度之一，虽可发为领导决不超然独立。社政又不过政治制度之一部，其不应与社区脱节，固极显然，社政报告，如达相当标准，实为发展联系之主要工具。

十、事实教育。社政如欲"团结民心，纠合民力"，必以事实为依据；社政之成果，实为团结纠合之有力表证。社政所能完成之诸种事工，皆足以教育人民，通常只知国人对人则自私自利，对己亦空虚灰冷，颓然无力而不明，使其有力之道，唯在表证于彼等，究有何等事工，彼等可以热烈参加，以实现其潜能，以发展其人格。"必有学焉"，而后一切教育，始有根据，始能生效。

十一、宣扬技巧。社政既以发挥民力为目的，则以事实为根据之宣扬，正应提倡，社政亟需最为引入而合理之官扬技巧，以产生人民对于社政积极关心参与之效果。人民固将由于此种宣扬而生合力，以谋相互之福利，且将给与社政人员莫大之鼓舞。社政人员非仅得到此种鼓舞之利益，更因报告之宣扬，而反省事工成败之由以作勇往迈进之刺激。

十二、民族精神。行政仅为"权"之运用，而人民乃系"能"之主体。权能相成，政治过程乃告圆满。社政凭借报告之功，一方督促人民，使其知所努力，一方自彼等获得鼓舞，以为用权之动力，至此乃有真正民主精神，而社政对于社会建设之使命亦可谓定成大半。

（原载《社会行政季刊》第 1 卷第 1 期）

育幼院所之社会工作

蒋旨昂

儿童福利会以善种、善生、善养、善教、善保为目标，实就身心两方言之。而儿童身心之健全发展，又不外机关与家庭两种方式。家庭利于情绪之平衡，个别性能之适应，机关则便于知识之传授，集体生活之锻炼。

中国自古育婴恤孤便多采用机关方式，为堂为院，抗日战起，灾黎骤增，为了贫苦无依儿童，保育院、教养院、育幼院之设立，乃又突增，三十二年公布社会救济法，两岁以下者定名为育婴院所，两岁至十二岁者定名为育幼院所。胜利以后儿童之收容虽仍有必要，但其收容意义重点仍未确定。

育幼院所中心工作之尚未明确，由其组织可以知之，至今各育幼院所分为总务、教导、保育、卫生四组（前振济委员会各教养院曾设生产组，但在儿童限于十二岁之情形下，实无生产可言）。而事实上各育幼院所均仅形成一种免费寄宿学校而已。故院所儿童除称儿童院生所生外，或径称学生。

吾人以为育幼院所主要功用在于为无依儿童准备一种家庭环境；或在人家或在院所之内，因而儿育幼院所可设五个部门，名为总务组、保育组、社会组、小学部、卫生室。前三者为育幼院所之必要部分。

三十二年社会救济法十八条："育幼所应按留养儿童之年龄，设置相当班次，授以相当教育并为技术上之训练，或送就近相当学校免费肄业"。次年救济院规程第十八条亦规定"留所之学龄儿童应依教育法令设班教育。其因人数过少，不便施教者，得恰送附近学校免费肄业"。吾人则以为院所应以儿童留养为主，其学校教育应以恰送附近各小学为原则，附近各小学如不能容纳者乃由院所附设小学教育之。附设小学完全依照教育原则及教育法令聘请合格教师办理之。我国小学教育已有数千年之历史，其标准虽未尽满人意，但总较社政乃至一般社工人员所能拟定者为佳。此次承认专家之谓。院所附设小学，其学生来源可有三种，除院所留养之儿童外，更应有院所儿童之寄养于人家者，以及社区内之家庭儿童。此种家庭儿童若欲细分又有两种，一种乃获得家庭补助金者（家庭补助金将为院外救济之一重要方法）者，一种来自一般家庭。在小学之完全义务制尚未实现之前，后种家庭之儿童且可缴费入学。吾国每保一校之理想，距离事实尚远，此项附设小学适足对于社区之教育需要，作更进一步之满足，而理由之最重要者，乃在院所儿童可因与社区一般儿童共营学校生活而发展其社会化过程，以免流于特殊之危险。

卫生工作因为儿童福利之重要要求，但不必由育幼所单独直接办理。如公区制度果真实行，每一社区均有卫生院所，则育幼机构正可与之合作，而利用其设施。儿童卫生习惯之养成乃至其他卫生教育，保育人员均应能以担负其主要责任，设若附近尚无卫生院所，育幼机构自可附设卫生所或卫生室。中国医药人才既极缺乏，育幼机构之卫生所医护人员，应不仅以本机构之儿童为限，而完全忽视其他社区分子之需要。

无论附设小学或附设卫生室均可与当地之教育卫生当局或团

体合作，以求经济，而多助力。

总务组乃任何机关所必需，自不能不设，而保育组及社会组，始为育幼院所之基本组成部分。保育组之责任，犹之家庭父母，注意儿童之寝食服装，使成健全之体格。但儿童终非仅属动物，其社会化之人格，尤应培养除小学内之培育外，社会组更应利用个案工作及社团工作方法，了解儿童个性发展之需要，而助其达成良好之适应。社会组亦应根据调查，判定儿童之应否收养：谁应予以家庭补助而免脱离家庭；社区之中谁家有寄养儿童之条件，谁可寄养进去；谁应在何时出院作何事；寄养与出院儿童应如何随访。

必如是，育幼院所始能成为一种业务明确之社工机关，既非教育机关，亦非卫生机关，而系与教育、卫生等机关密切合作而不重复冲突之社会福利事业。

社会部最近（五月）呈准行政院，在其直辖育幼院分设总务、教保、卫生、社会四组，已往各院所亦有设置人员担任个案工作者，此次社会组之设置，则系创举，其职掌焉。一、关于儿童个案调查及家庭联系事项。二、关于儿童社团工作及社区服务事项。三、关于儿童社会生活指导及儿童社会工作事项（前述社会组应作各事，可为此三项职掌之细目）。四、关于分区辅导有关儿童社会工作及儿童社会工作人员训练事项（此项乃因"直辖"院之故）。直辖院现虽有留养一千儿童者将来只设甲、乙两种院。甲种收五百名，乙种收三百名，社会组长甲、乙种均为一人，社会工作干事，甲种二人，乙种一人。依规定各组长及干事（总务干事除外）均每周授课至少四节或八节，此系教保合一观念之表现。

实则教保不必合组；教保组之职掌依规定一方面为儿童学级编制及教导训管事项，一方面为儿童日常生活辅导生产训练及升学就业辅导事项。人员亦有导师及保姆两种。小学既应分立，以示育幼机构之重心，则教保更不能合组。

现在社会部、妇女指导会、华西大学、燕京大学、金陵女子文理学院等之所以设置儿童福利站，乃为避免儿童机关教养之弊端。但国力有限，此种儿童福利站一时当不能普遍单独设立。各育幼院所，犹之学校兼办社会教育，亦应兼办院外儿童福利业务，则社会组之责任，将更重要。（三十六年五月二十日）

儿童福利与社会工作

张鸿钧[①]

儿童福利是儿童们在生存上应享的基本权利，包括自成胎以至出生后生存上一切必要的设施。因此，儿童们在其生存上所有感受威胁或发生障碍的现象，社会与政府便有责任予以保护及解决，而其应用的方法便是社会工作。以故在社会工作的范畴中有所谓儿童社会工作，易言之，便是社会工作在儿童福利上的应用。其工作过程与内容虽是极为繁赜精邃，但吾人略加分析，不外是儿童社会问题的研究、诊断、设计与执行的四个步骤，兹概述如左：

一、研究。吾人所以不叫做儿童问题，而叫做儿童社会问题，就因为儿童问题是整个社会问题里面的一部分，它与整个社会问题互相关系而不可分割，所以我们研究儿童问题不仅要注意儿童问题本身，更要注意社会问题的远近背景，以探究出儿童本身所受社会影响及其整个社会问题中之根底与关系部分，作为诊断与设计的依据。例如我们研究流浪儿童，不仅要研究流浪儿童的生活，还要注意其家庭解组的诸因素，更及于社会经济状况，以及社会组织结构与互助制度的升沉起伏。这样，才能深切认识一个流浪儿童的生活情实，才能深切认识其沦入于悲惨境地的所以然及其他问题的关系，而诊断其问题的所在；那么，我们才能进一步去设计采取各种不同的方法，以谋其解决，我们对于儿童问题所以采取如是的研究态度，即社会的看法，只因为儿童问题并不

---

① 张鸿钧（1901—1973），男，北京丰台人。1925 年从燕京大学社会学系毕业，后赴美国留学，获得硕士学位。归国后先后任燕京大学社会学系教授、系主任，国民政府社会部社会福利司司长，联合国中东社会发展办事处主任。

是孤立的问题，不是超于整个社会的问题，我们假使不把视线放出于儿童问题本身的周围及其辐射的各方面，我们便会做出种种错误的诊断与设计，对儿童问题的本身有时不徒无益而又害之。这可仍以流浪儿童的研究为例，流浪儿童失去家庭与社会的保障，生活陷于失据状态，如果单就他的生活失据一点而为之设计，认为院所教养是唯一的永久的办法，那么这个儿童的生活虽然很现实的有了倚靠，但儿童家庭解组问题的诸因素依然存在，社会经济等关联问题依然存在，儿童身心状态仍然得不到社会的正常生活，而院所教养方法本身又限制了儿童复返于家庭与社会的机会，再儿童身心上又加上一层阴霾，而愈益失去了合理的调适，则无怪晚近社会工作学者认为有制造新的社会问题之危险，举此为例，以见儿童问题非具有社会的看法，无以探究其根底与其他关联部分，即无法求得合理的解决。

二、诊断。一个问题的诊断，是经过如上的过程得到的结论，任何人对于同一问题如果是采取同一的研究的态度，则应得到同样的结论，一如自然现象的研究。而这个诊断自必合于三个要求，第一是归纳的而不是推论的。前面已经提到，儿童问题有其社会的诸因素及其他关联问题，经过研究才能通体了然。我们必先把那些因素分析开来，把那些有关问题探究出关联之点，而归纳出一个确切的结论。第二是客观的而不是主观的。我们研究一个儿童社会问题，应以事实资料为研究的根据，固不待言；便是从那事实资料中分析其因果关系，还要采用科学研究方法以从事，所谓问题研究的结论或诊断，不过是从事实资料中运用科学研究方法而得到的自然结果，其中并无个人情感上的好恶、爱憎与取舍。

第三是把握时空的，而不是超时空的。在某个特定时间空间才产生某种问题，根据研究结果，所为之诊断，这诊断也必是具有时空性的，否则，这诊断不能制时地之宜，据此而为之设计，也必为不可付诸实施的空想。

三、设计。根据诊断而为之设计所应注意到的也有若干点，第一，应与设计对象一切有关的人物取得协议。设计的对象如果是一个人，那么必须与其个人甚至其有关的人取得协议。设计的对象如果是一个社区，那么必须与这个社区内的主要人物取得协议，原因是这一设计的执行，将来主要的是靠个人或其社区本身的自力，以此这一设计必须是个人或其社区所能接受的，否则徒有完善的设计，也不易达成其目的。第二，是要审查其社区的资源及可能运用的助力，这便是运用社区合作的方式而解决一个问题，但所谓社区合作，决不是一切力量的杂拼硬凑，而是社区力量的全部总安排，总推进。第三，是设计本身要具有弹性，以适应执行时的偶发现象，不过这所谓弹性，应出于事实根据的合理估计，并不是设为空洞的架构，以笼罩未出来的事实，而是预估其可能以应其变。

四、执行。一个问题从研究、诊断、设计，而至于执行阶段，是由事实分析而到人为努力，所以愈接近后一阶段，则人为的努力亦俞益占主要地位，在执行中则全靠人为努力以赴，亦惟有凭借人为努力，才能勉强达预期效果，在工作全程中要算是极关重要的一段。这一阶段，既然是主要得靠人为努力，那么我们特别要在人上下功夫，而缜密考虑人的条件与运用。在这一阶段中执行计划的主要人物，第一要有适应社会的艺术身手，第二要有分析外界事物的科学头脑，第三要有宗教服务的精神，这三个条件缺一即非理想的执行人才，即计划的预期效果不能完满达成。其次才能说到人的运用，第一要启导执行计划的人认为这一计划是他们自己的意见，至少是十分同意的，而不感觉是他人的命令或嘱托。第二要策励执行计划的人认为是自身的事，而主动地去实施，不感觉是耘人之田，为人作嫁，如果是一个社区的改进，那么至少要发动这一社区内可能发动的有力分子以主动来分工合作。第三是在执行中遇到阻力或竟遭失败，如何协助与鼓舞执行人去克服，而增进自力，期其必成。不过，人的运用因人因事因地因时而不同其道，这仅是主要原则，要在能匠心独运。上面讲过，一个问题从研究到执行，是事实分析而到人为努力，愈接近后一阶段，则人为的努力亦愈占主要地位，虽然如此，但在人为努力中还要拿出科学方法，像克服自然世界一样，来克服社会和人与自己。

以上四阶段在实施中实在不像本文分的这样明显，而是工作全程的介绍，其间是不能割裂或指明其为固定里程的，有经验的社会工作者自能精心妙运，以达工作目的为归。本文是从儿童福利谈到社会工作，以上所述不过是一般的社会工作的一些概念，应用在儿童福利上面自然不会有多少出入，但在实施方法技术上则应有其特点及特别注意的若干经验，是在国内儿童社会工作专家多数阐扬，期使社会工作者以社会的观点，确实解决了儿童社会问题，增进了儿童福利，当乐观其成。

（原载《社会工作通讯月刊》1947 年第 4 期）

儿童行为指导工作

汤铭新 [①]

儿童行为指导工作，为 20 世纪所倡导的心理卫生运动中，一种最基本最专门的工作，它是以行为正常及行为异常的二种儿童为对象。所以含有广狭二义：广义的儿童行为指导工作，是注意应该如何运用心理卫生的法则，于一般普通儿童的身上，使他们都能获得安定的生活，以发展其能力；狭义的儿童行为指导工作，是以行为异常的儿童为对象，运用科学知识及社会资源，研究并处理其在家庭中行为之所以异常，在学校中之所以不能适应，以及在社会上之所以有种种行为不端的产生，明了其症结所在，然后对症下药，做彻底的治疗，使其人格得有健全发展的机会。

根据上述的解释，儿童行为指导工作分为正常儿童与异常儿童二种，若按行为表现来分，则至少有下列三种行为异常的儿童：

（一）有不良习惯的儿童：如吮手指头，咬手指甲，尿床，筋跳，口吃，结舌，手淫，挑拒食物的儿童等。

（二）有生活失调现象的儿童：如过分敏感，兴趣缺乏，胆怯心虚，精神紧张，倔强怪癖，幻想懒惰的儿童等。

（三）有反社会行为的儿童：如撒谎，偷窃，逃学，离家，反抗，破坏，犯猥亵及发大脾气的儿童等。

我国于战前在上海、北平等地曾开始是项工作，但是终因战

[①] 汤铭新（生卒年份不详），女，毕业于金陵女子文理学院社会学专业，后留学美国，获芝加哥大学社会服务行政学院社会工作硕士，回国后致力于儿童福利和特殊儿童问题研究，在母校金陵女子文理学院社会学系任教期间，兼任儿童福利实验站主任，著有《儿童福利指导工作》。

争影响，工作不久都被迫停顿。抗战期间，程玉麟医师和笔者在成都相遇，谈及创办儿童行为指导工作事，于是分途拟定"设立儿童指导所"和"成都市行为异常儿童的研究"两项计划，呈报教育部审核施行。教育部极力赞助我们此类工作进行，并且拟拨给经费，嘱令试办，但终因物价飞涨，所拟拨的经费不够开支，因此所拟定的计划未能一一实现。至1943年春季，笔者乃自行在成都市南郊三个不同的小学中，选择了行为异常的儿童，共计有五十名，作个案研究，此五十名儿童所表现的行为问题，几乎全为恶劣环境影响所致，此种研究结果，更引起笔者从事儿童行为指导工作的决心。1943年秋季，适逢程玉麟医师改任华西大学医学院神经科主任，是时笔者亦受金陵女子文理学院之聘，此时程医师正感精神病预防工作积极推展之必要，而笔者亦有儿童福利人才训练实习教室之急需，于是与程医师合作挑选几个行为异常的儿童，作实地研究与处理，范围虽小，然工作一年，所获效果深为当地人士所注意。1944年秋季，此小规范的儿童行为指导工作，被划为成都基督教大学儿童福利人才训练委员会实验工作之一。遂得添聘专任个案工作员一人，以为助理，工作范围因是逐渐扩大。至1945春季，本所乃定名为华西大学医学院金陵女子文理学院合设儿童指导所。1946年夏季程医师去广州，笔者随校复员东下，故本所在蓉工作，由是宣告结束，秋季本所工作在京开展后，旋即在金陵女子文理学院校园附近琅玡路国民中心小学选择有异常行为的儿童，共计50名，作个案研究和处理。同时又协助本院儿童福利实验所及社会部儿童福利实验区第一儿童福利站研究与处理，有异常行为表现的儿童。今年春季程玉麟医师应卫生部之聘，来京创办精神病防治院，本所遂与合作，合办儿童心理卫生门诊，暂设于南京中央医院门诊部神经科，每星期二、星期四有儿童来所就诊，此为儿童行为指导工作目前在首都的情形。

至于儿童行为指导工作的步骤，系无论有任何问题的儿童，经过其父母、教师、医师或其他有关系的个人或机关介绍之后，先由精神健康社会工作人员（Ppsychiatic Social Works），采用社会个案研究法，分别详细研究：如儿童个人的生活史，家庭背景，父母的婚姻和感情，父母、子女、兄弟姐妹间的关系，父母教育子女的方法，家庭经济状况，友伴活动及社区环境等，都在研究范围之内。待个案研究完毕之后，再由精神健康社会工作员斟酌情形，准备儿童作身体检查、神经精神检查或心理测验，在以上三部工作尚未履行之前，社会工作人员应与儿童和他的父母约定时间，举行访问，并详细解释各部检查与行为指导工作有密切的关系，以便儿童与其父母乐意合作，而不致在受检查或测验时，发生恐惧或反抗心理。一俟儿童身体、精神、心理及社会四方面研究完毕之后，则举行个案讨论会，由小儿科医师、精神病医师、心理学家及社会工作员报告各方面研究的结果，然后讨论诊断与治疗的方法。如果儿童行为问题的重心是儿童本身的人格失调，或精神失常，则由精神病医师负责治疗；若是儿童行为问题与智力成情绪的发展有关，则归心理学家自行处理；若是儿童行为问题是受身体疾病的影响，则由小儿科医师负责治疗。但在事实上大多数儿童的行为问题是为社会环境的影响所致，如不良的家庭、学校、友伴及邻里的影响等，都与儿童行为问题有关，诸如此类的儿童行为问题，必须由精神健康社会工作员负主要处理之责，例如家庭关系的调整，适宜学校与学级的安置，友伴的选择，休闲的指导与兴趣的培养，皆属儿童行为指导社会工作的范围。

儿童行为问题的产生既然以环境因素为最多，所以处理的方法亦以社会工作的个案工作及集团工作两种技术为适宜，兹分述于后：

（一）社会个案工作——社会个案工作是以个人的整个社会情况为单位，所以，举凡与个人有关不合理的社会情况，都要运用科学知识及社会资源，重新加一番调整，改进他的物质生活，调适他的社会关系，发展他的人格，这样才能达到健全人生的目的。指导儿童亦复如此，尤其处在今日复杂不安的社会中，儿童生活不仅受家庭及社会环境的影响，就是和他自己内心所发出的心理作用，亦有密切的关系，若缺乏良好的指导，全靠儿童自己去寻求出路，殊难达到他本人愿望，生活也就难有圆满的成功。所以儿童行为指导工作应藉社会个案工作的力量，予以物质上或精神上的协助，使每个儿童均能按其能力、兴趣与需要，获得欲望上的满足或生活上的适应。

（二）社会集团工作——社会集团工作，以团体中的人为单位，即是说运用科学知识及社会资源，使团体所有的人的人格得以健全，情绪得以稳定，家庭关系得以调整，个人生活得以社会化。所以社会集团工作，是有社会化和教育化两种意义存在，其目的在发展个人对团体的责任心，以及互助合作的精神，而使个人的幸福和团体的幸福完全趋于一致，例如儿童在在街上成群结队，亦是一种团体生活，如果把这群儿童集合在另一处所，由一个领导者根据各个儿童的才能与需要，予以适宜的发展机会，再以各种有意义的团体活动，以培养合作的精神及责任心，此种团体生活，则有社会意义及教育意义的存在。

社会个案工作与社会集团工作的互相为用，固然是儿童行为指导工作的最有效方法，但实施时，却不能按照划一不二的途径进行，而应以各个不同的案情及其需要为转移，要而言之，处理儿童行为问题时，可自儿童本人、家庭，或学校入手。兹分述于后：

（一）与儿童本人工作——儿童的行为指导工作，应以儿童本人为中心，在研究诊断治疗时，要首先了解他整个的人格，其次要同情他，要扶助他，更进而与他共同商讨解决问题的办法，并且要征求他的意见。如果问题解决的办法仅由工作是单独拟定，事先不与他商讨，纵使这办法有积极的效果，还是不易实现，并且容易引起反抗，所以工作是应常与之接近，尊重儿童的意见。并应注意下列数项：

（甲）要协助儿童解决其身体上的疾病；

（乙）要使儿童对工作员发生友好关系；

（丙）那〔要〕明了并同情儿童所关心的问题；

（丁）要使儿童有自信心；

（戊）要对儿童的生活有适当的照顾；

（己）要培养儿童良好的卫生习惯；

（庚）要给予儿童发展才能与兴趣的机会。

（二）与家庭合作——儿童行为问题的处理须与家庭合作，才能收效，所以工作员应竭力地征求关心儿童的家庭分子的同意，即使工作员已制定方针，亦须与他父母共同商议，不可勒令父母单独执行，所以在与儿童的父母工作时应注意下列数点：

（甲）要与父母共同商讨处理儿童行为问题的办法；

（乙）要注意父母的表情，以便发现问题的新线索；

（丙）要改变父母的态度时，不可提出他们的错误，免生反感；

（丁）要与父母分别谈话，以免当面冲突；

（戊）要与父母双方合作，以取得一致的态度和管教子女的方法；

（己）要根据家庭的经济情形去处理儿童的行为问题；

（庚）要注意家庭中其他分子的情绪及问题。

（三）与学校合作——学龄儿童行为问题的处理，也非与学校合作不可，因为除家庭外，学校亦是儿童常处的环境，所以学校环境的好坏，可以影响儿童的优劣。工作员与学校合作时，除将研究儿童的结果向校方报告外，并需将治疗的建议，向学校当局说明，尤其是与学校有关者，更应征求学校当局及教师的同意方能实现，兹将学校环境中应注意之事项，分述于后：

（甲）学校设备方面：学校地方须宽大，设备须完善，使儿童有尽量发展才能与兴趣的机会；

（乙）课程方面：学校功课的配合与时间的排定，应该恰当，方能使儿童有序迈进；

（丙）教师方面：教师除了性情温柔，态度公平，学识渊博，经验丰富之外，还须有儿童心理卫生的知识，才能造就人格健全的儿童；

（丁）转学及编级方面：学生转学次数以少为妙，以减轻儿童应付陌生环境的痛苦，编级亦须适合儿童的程度，以发展儿童的才能。

我国具有行为问题的儿童，虽未有准确的数字报告，然而在家庭、学校及儿童福利机关里，均是屡见不鲜，如爱发脾气、骂人打架、撒谎偷窃、怪癖懦怯、任性顽皮、破坏扰乱等，皆属异常现象。此类情形非仅影响其个人意识的行动，且能遗憾终身，流毒社会，倘能在幼年时期施以特别指导，解除其行为上不应有的现象，则许多严重问题的结局，自可避免发生，对于普遍一般的儿童，施以健全的指导，促进其他行为上的正常发展，则社会的健全分子，亦必能日益增多，一举多得，望我辈热心儿童福利者，均能协力倡导儿童行为，指导工作，以造就自立自强，互爱互助的国民。

（原载《儿童福利通讯》1947 年第 9 期）

对于精神病人的社会服务工作

宋思明 [①]

精神病是社会病态之一种。因为一个家庭里若有了一个精神病人，在物质方面，要有相当的损失，如病人毁坏家常用具，焚烧物件、房舍以及治疗的费用。在精神方面，能使全家老幼永远悬心，或父子变成路人，夫妻变成仇人，一家的生活秩序无法安定。并且除了病人本家受直接影响外，亲戚邻右也常常不能过安定的日子，因为你不知道病人什么时候，因变态的心理就会恨上你，对你用报复的手段。有时病人一时发昏，虽然同你未见过面，也许咒骂或伤害□你。如前数月报上所登的一个疯人连伤八九人的事情，就是一个例子。这样说起来，精神病不是一种很严重的社会病态么？所以在讨论社会问题的时候是不能忘了精神病这个问题的。而对精神病的社会服务工作也是最需要的。作者本着很浅显的工作经验，提出几点来，向大家讨论一下。

精神病工作人员应具的条件——精神病与其他的病不一样的地方，就是其他的病多是关于机能（Organic）方面的，病原较比容易找出来，可以对症下药。做这种个案服务工作的人，也较容易下手，精神病虽然有一部分是机能疾病，可是大多数是功能（Functional）反常的关系。在研究病原的时候，如只是坐在实验室，由显微镜底下去找，是不可能的。因此医生、看护、个案

---

① 宋思明（1903—1986），男，河北迁安人。1928 年毕业于燕京大学，先后在北平协和医院社会服务部、北平市精神病院社会工作部工作。抗日战争全面爆发后，到国民政府军事委员会军政部战时卫生人员训练所矫形外科任上校主任，从事于伤残重建工作。1949 年以后到上海的一所中学教书，直到退休。著有《医院社会工作》《精神病之社会的因素与防治》。

工作的人、心理学家、职业治疗家必须要分工合作的。医生要检查病人的身体及心理的变态，看护要观察病人的行为，心理学家要测验病人的智力情感及态度等。个案工作人员，要探讨病人过去的历史及现在所处的环境，以及致病的原因，然后大家共聚一堂，下一个共同的诊断。不过一个人的历史与其环境，各人不同。若只千篇一律的写出来，与其他的个案历史，又有什么两样！对于诊断，及治疗方面又有什么贡献！所以要想做这种工作，总得对精神病学（Psychiatry）先有相当的了解。然后起始去作调查的工作，对每一个不同的病人，有不同的着眼处，所说的去轻就重，就是这个道理。譬如有两个病人全是因为打他太太让家里送来住院的，其中一个就许因为他太太对他态度不好，使他生了疑心，所以他动手打她。也许她太太本来对她很好，病人忽然拿他当做仇人看待，才打他的。此外还许因为性生活的不满足等等，所以这样工作绝不是听了一面之词，就算完了的。总得对病人的病状潜心研究，然后按着线索去找，才能有结果出来。不过这却不是一件容易的事情，第一先决条件，就是得自己对精神病学有相当认识，然后医生和其它同工的意思，也容易明了，也不致白费功夫，去得那些无用的材料了。

如何写读精神病的社会个案——上面已经说过，在诊断未决定以前，关于病人过去的历史，环境及得病的远因近因，全赖个案服务人去调查的。调查的来源，自然是病人的的亲属、朋友、同僚、雇主、师长以及一切与病人有关联的人。

这与普通其他服务社会工作，仿佛相似，至于我们要问些什么，或按着什么次序来问，这也是一种技术，并没有一定的成规，关于他个人历史方面，我们要知道在她生产时，有难产的情形或创伤没有？她是否如常的进展起来？如生齿走路，是不是比普通小孩过迟或过早等，儿童时是否与人合群或独处？入学时智力如何，兴趣如何，离开学校以后是做了什么工作，做了多少时候，因何改变的职业？不过这些都是显而易见的事情，只要写的详细就是了，最要紧的，还是那些平常人不注意的事情呢。这可就多了，我们可以分两个阶段来说。第一个阶段是常人时期，也可以说是没有犯病时期。第二个阶段就是已病时期，可是读者要明白，这样的分法只是为使旁人容易明白，实在说起来，很不容易在这两个中间，划一个清楚的界限的。因为家里人看不出病象的时候，也许是他还没有发作，等到病象已经发作，就许到了不可收拾的地步了。所以当病人在平常的时候，他的性情、举动、幻想、性感，对事情的反应，遇困难时谋解决的方法，对什么事情发生兴趣，有事常想说出来或常自己闷在心里，是否好疑惑人，或总觉着自己不如人，有什么事情最刺激他，什么事情让他终日挂在心里，此外他的性生活是否有什么反常的地方，凡是这些事都得设法找出来，以作研究并诊断的材料。

等到第二个阶段，我们要知道些什么呢？就是病人的家里人，从什么时候，因什么事情，才看出病人与从前有了改变。并且改变的性质又是怎样。是忽然间的呢，还是慢慢的。明白了这些以后，就得把他每次犯病的情形详细记下来，好做进一步的研究。

此外病人从前生过什么病，病的经过如何，也要详细的记述下来，以备医生参考，因为有一部分精神病，是因为疾病才起来的，所以对于这点应当注意起来。并且他的家族或亲戚中间，有什么人有过这样的病，或其他精神病，也是不可忽略的，因为这与遗传方面会有关系的。

诊断决定后对于病人的服务工作——精神病既然须从各方面的详细的诊查，所以个案工作人员，将具体的消息报告给医生，算是服务工作的一部份。自经医生诊断以后，遂开始了治疗的工作。这方面更需要我们来合作了。我们要常常同病人接近，让他把他心里的事情，向我们坦白的说出来，如能替他解决，同时也要观察他的兴趣所近，把他介绍到职业治疗部（Occupation Therapy Department）去工作，这职业治疗部是这些年来一种新的创设，专门按照各个人的兴趣给他一种工作，有专门人才亲身指导，让他把全副的精神都用到工作上去，没有工夫再过那幻想的生活。慢慢的让他的常态恢复过来，使他自己能信赖自己。同时也要给他计划相当的娱乐，让他不要尽过那些无味的生活，或隔些日给他们开一个游艺会，最好能让他们自己也在里边活动，他也能借着这个，知道旁人还承认他有相当的能力、地位，以免使他离开现实（Reality）太远。

以上不过随便举一两个例子，总括的说起来，当病人住院的时候我们有两样的重要工作，一个是个人的，一个是团体的，但是我们把两样事做到了，也只是可算是工作的起始，最要紧的工作，还是防御他的再犯。为要做这一步工作，第一，经医生认为可以出院的病人，先要同他家人或亲友安排，并须在本院安排，让他负起一点责任来。若医生能让他出外的时候，可按照医生所指定的日期，让他回家里看看，想法子把他心里最受刺激的事情，给他摆布开了，直等到他没有反常的行为时，才正式出院。这个时候更是要紧的时候，先要得看病人的家里人对我们的信仰，能与我们合作，使得病人的家人不再存着畏惧他的态度，让他在家里每日能够有事作，有乐趣，少受外界的刺激，我们更要随时去拜访他，看看有什么不合的地方。

但是每一个家庭，不比一个机关，生活总不能太按着秩序的。还有许多家庭，不是因为经济困难，不能按着我们曾劝导的去做，就是家人因为种种关系不能同我们合作。结果病人在假释时期，还许可勉该凑合，等到正式出院以后，环境却是不许可了，或许根本连假释时期，看着都不相宜。那么，个案工作的人员就不得不及早变更方针，看看社会上有什么相宜的社会事业机关，能给这样病人一种工作，然后把病人的实情告诉他们。如蒙收纳，就是一种出路。或者有对这种病人关心的个人，也许会帮忙的，现在如比利时、苏格兰和美国纽约市试办的乌尔斯村（Village of Walworth）采用家庭寄养法（Boarding System），虽然政府为病人每月得出一点钱，却也是有一部分个人，对此发生兴趣才肯收容这样的病人。不过无论如何，个案工作人员对病人出院的安排及随时的拜访，是认定为一件最重要的工作，因为这步作好了，虽然不能说一定能防他不再犯，至少也会使她犯病的期限不延长的。

做这种工作的几种困难——精神病既是社会问题中一个极严重的问题，但是关于这种病的社会事业，仍然非常幼稚，在我们中国，可说仍在试办时期，各国的人情、风俗既然不同，我们又不能把他国所认为成功的技术完全采用过来，所以遇着困难问题往往不知如何解决，或是没有解决的途径，而社会上却又没有财源可供利用，结果也是无用的。好在我们中国的家庭，对病人都是很负责的，我们很可以利用这个好点，向前发展，不过要真能使家里人完全认识，也来合作，却非容易的事情，这责任却在服务人员的肩上了。

作者今日偶阅报章（《现代日报》10月2日第4版），言有一疯汉刀伤一命的事情，言此人早染精神病症，哭笑无常，但是亲友却没有注意，结果竟演出这样的惨剧来！这不过是一个例子罢了，像这样情形的事不是正多着吗？所以在未得病时候加以预防，如心理卫生（Mental Hygiene）工作，发现病情以后早日就医，都是急切要的事情，不过这只靠着口头来说，是无济于事的。最要紧的，还是我们脚踏实地的作去的，只要有了成效，事实就是宣传的最好资料。总之，我们最后的盼望，是要一面减轻病人家庭的心理负担，一面逐渐消灭社会的病态。

实 务

沪东公社之回顾与前瞻

金武周 [①]

（甲）肇始黄粱

（一）起源——沪东本郊野之区；虽工厂林立而荒原满目，时有葛学溥先生者，闲步其间，目击现实，慨然有组织团体改进民生之宏愿。适东效积方面有一小学，此间有一基督会堂，虽学徒零落，堂务萧条，预计加以改进，不难臻于完善。顾此仅一时之理想，初未敢其果能成为事实。如今日者，是则本社之肇始，固亦宛若黄粱一梦也。

（二）入手——职是之故；爰于 1917 年购地于杨树浦路一五〇九号，创设沪东公社，以供沪大社会学系之实验，同时又为教育、宗教、经济各学系实习之所。纵经济人才，时有两感缺陷之处，而日就月将，终博得社会上之赞许，舆论界之同情，筚路蓝缕，以有今日，殊大幸也！

（乙）工作之渐进

（一）德育方面——初葛公抱定联络社会之全力，藉谋沪东群众之福利为目的，而以德智体群四育之均展为实施步骤。务求其适合于男女老幼之各个性与环境，以为改进本区社会事业之基础，其时基督会教堂因人才缺乏而宣告中止，于是葛公毅然接收以为其事工尝试之地。主旨在乎寓宗教精义于社会服务之中，而以发展人格为目的。助其事者，有沪大同学为之维持主日学课，

[①] 金武周（1900—1982），男，上海人。燕京大学社会学系毕业，1929 年赴美留学，获哈佛大学博士学位。归国后任教于沪江大学社会学系，1953 年在上海一所中学任教，1980 年被聘为华东师范大学政教系教授。

宗教演讲与夫宗教设计，旁及其他团契生活等，此则德育工作之大要也。

（二）智育方面——工人本无教育，中国早成习惯，今欲改良其生活，提高其知识，自非从教育着手不可。所以联合各工厂当局，发起工人夜校及工人子弟学校。当时纱厂方面，有怡和、杨树浦、上海、和生、恒丰、三新各家，他如大达纺织厂、祥泰木行、班达蛋厂、上海电力公司等，均参预其事。是实开工人教育之纪元，而亦本社智育工作上之初步也。

（三）体育方面——工人既无教育可言，至于其他生活上之调剂，更无论矣。日出而作之暇，酗酒者有之，赌博者有之，宿娼者亦有之。坐是怠弃业务，玩忽工作。葛公悫焉忧之，乃有工人体育场之开辟，指导工人练习各种运动，如徒手操、器械操之类，以谋工人体力上精神上之调剂，而藉纳之于正轨。如祥泰木行等，甚至不惮烦劳，亲往教授体育，他如卫生运动，亦时加提倡。同时有经达人、周昌彪两先生襄助其事。更具体者，厥设立沪东工业医院，该院始创于1919年之秋。此中经费，皆自各工厂捐助而来，其办法由各工厂计人数之众寡，定捐款之多少，以每人每年三角为率，合计年得七千五百余元。服务人员有 Dr. Hiltener 及盛清诚医生、叶看护长、潘护士等主持院内工作，而以张美丽女士担任家庭探访工作。

（四）群育方面——德智体三育既粗具眉目矣，乃进而从事于群育工作。（1）联络各大工厂，提倡工人社交生活；设备各种娱乐以资工人消遣；（2）联合男女青年会以培养工人社交本能；（3）设计拯贫救护等事工；（4）联络市民联合会以促进市民团结精神与合作事宜；（5）创设职业介绍，以利工人营生，主其事者为郑世察先生。此则群育方面之大要也。

1919 年葛公返美，韦雅各先生代理其事，于萧规曹随之下，益之以发扬光大。1920 年至 1921 年，各方均有长足之进展，同工增至十五六人，预算增至 15000 元，合作工厂之加入者更多，又有儿童妇女等事业。韦公本教育专家，对于教育，尤具热忱，举凡日夜校以及工人补习教育，一本诸于教育原理而妥筹设施，即主日学校亦具有同样情形。盖葛公系主张宗教社会化者，韦公系主张宗教教育化者。是则两公微有不同之处，然而一究其极，要不出于异途而同归也。

（丙）前三年之本社

先是韦公代理社务之时，以其常驻沪大，对于本社常务，时有鞭长莫及之感。适钱振亚先生于 1918〈年〉毕业沪大而入社担任教员，继充主任，转升社长。1925 年钱先生为谋深造起见，赴美入纽约社会科专校肄习，旋又转入哥伦比亚大学研究院得硕士学位。1928 年返国，继任社长。先后 6 年，对于本社工作，益谋开展，不遗余力。钱先生平日着眼之处，端在教育，鉴于校舍之不敷应用，于是筹募捐款建筑教室，落成于 1929 年之夏，足容学生三百余人；同时又建市房五幢，一方收取租金，以为日后自立自养之张本；一方设备民众服务工作，为工人谋福利，两共建筑费计一万二千余金。经之营之，亦具见钱先生用意之深长矣！在此期内，因钱先生努力于工人教育，校务特别发达。1931 年学校进行立案。日校学生计四百人左右，夜校学生亦将四百人。校誉日隆，内部殊多改进之处，博得社会无限同情。职教员二十余皆属有特殊教育兴趣而经验丰富之伦。钱先生于奠定教育基础之下，更拟有远大计划，以图大展其抱负。惜乎天不假年，哲人早世，是亦本社一大不幸事也。

钱先生去世后，一时人选竟告难产。于是由沪大推广教育部干事张春江先生暂行兼摄社务，如是者半年。旋有仇子同先生学成归国，受任主任及日夜校校长职务。仇君对于民众事业如民众食堂、民众代笔处、儿童问题指导等，皆提倡不遗余力，且曾拟设立教会，并购进社址后隙地两方，以供儿童游乐之需，而尤以注重学校纪律为特点。惜仇君在社服务，为时不足二载，致未能尽量施展其鸿才为憾耳。

载笔至此，不得不溯述本社与沪大之关系矣。试寻本社之往迹，无论其为事工为人才，要皆与沪大有深切之关系存焉。如葛、韦二公之均为沪大教授，钱、仇两君之同为沪大同门而兼教授，白驹维系声气原来一贯。尤可感者，在昔有魏馥兰校长之翼赞，在今有刘湛恩校长之指导。且也刘校长对于社会事业，具有特殊兴趣与经验，策进本社社务，更抱莫大之愿望与毅力。运用其如炬之目光，以从事于本社之改良。是则本社之得有今日，一方面固由于服务诸君之努力，一方又由于社会以及当地人士之赞助，而最不能令人忘怀者，厥惟沪大校长之加以领导耳。

（丁）今后之计划与愿望

1936 年春，仇君因事辞职，一时社务乏人主持。乃由指导委员会委员长汪承镐先生抽暇维持。迄于暑期，武周受指导委员会之嘱托，来任社务。目击事业之重要，自顾才能之绵薄，计惟有黾勉从事，以期免告于覆餗。所幸指导委员会之引领，社中同人之襄赞，社会人士之协助，遵循有自，迷路无虞。而本人夙抱宣扬圣教之愿望，深冀秉此忠贞，归荣上帝，以无负诸先进之热忱耳。谨陈今后计划于后，尚祈大雅之赐正焉！

（子）对内工作：

（1）宗教措施——从调查本区宗教状况入手，待明了当地需要后，在可能范围内，筹设沪东教会以树基础而广宣传；同时组织小团契之宗教集会，俾圣道得以深入人心；并提倡宗教教育，以确立一模范主日学校为目的。

（2）教育措施——以充实学校内容与学生生活为目的。采用适合教育标准与教育原理之种种方法，使学校日臻于完善；同时注意民众教育之发展，如扩充社会教育、补习教育、平民教育、妇女教育等。尤以扩展劳工教育与设备规模较大之劳工图书馆为急务。

（3）体育设备——时至今日，培养体力，更属当务之急。故主张筹设沪东体育场，提倡卫生运动，注重卫生教育，辅导社会上各种卫生设施。

（4）群育之实施——提倡劳工正常娱乐，改良民众游戏精神，以达生活艺术化之目的。

（丑）对外工作

（1）联络各界如工厂之类，以收协作之效。

（2）对社会作精密之调查，以期深悉民隐而施以相当救济。

（3）逐家探访以互通声气，而实现相维相系之生活。

（4）征求社员组织同学会，以增厚本社实力，藉使当地人士与新旧同学对于本社有共同负责之机会。

总之，武周于认清工作之重要点下，规定深长计划，坚持而实施之。同时为完成本社组织健全起见，于相当情形之下，拟定分部办事，以收四育均展之效而已。

（戊）结论

本社概略，既如上述，计惟有循是准绳，共赴此的；庶几使民众福利与本社荣誉，皆臻于日进无疆之域，而归荣于上帝也，果尔则武周亦得稍遂初志矣。幸何如之！

（原载《天籁》1936 年第 2 期）

北平的两个社会服务机关

——协和医院社会服务部和北平妇婴保健会

刘昌裔 [①]

一个南国的孩子，形单影只地跑到这辽远地古城来，而且又在这样寂静地清华园中。有时一个人坐在柳树的影下，望着水中的白云，不停地舒卷着，不禁回想起母校的情景。

志宁把《社会月刊》寄来了，我好像和我的久别的母校的同学见面似的，有种说不出的感触。他并且叫我写点稿子，我本来想把清华社会学系的情况，报告报告。但恰巧我们27日去参观协和医院和妇婴保健会，这两个机关都是社会服务（Social service）的实践，我觉得是值得介绍给母校同学，尤其是社会学系同学知道的。

一、协和医学院

在上午9时，我们的车子已停在协和的大礼堂前。进了那富丽的接待室，招待员就开始向我们谈话。现在我要特别提出的是医院中的"社会服务部"。所以关于医院中一般的状况，只得略述梗概。

协和，是一个医科大学，医院不过是学校的附属机关，所以它的名字是"北平协和医学院（Peiping Union Medical College）"。它的主要目的是：（1）供献与欧美医学院同等的医学教育；（2）供给医学问题的探讨，尤偏重远东之特殊问题；（3）提倡现代医学及一般卫生常识，引起社会人士的重视。

---

① 本文作者身份不详，据本书编者推测，应是清华大学的一名教师。

学校共有两个：1. 医学院。专门学医，学生不限性别，以生物学、化学、物理学有相当基础者为合格，毕业期限6年，可得博士学位，现有学生99人。2. 护士学校。只收女生，毕业期限为34个月，现有学生50人。

协和医学院在1906年建立，后因拳匪之乱，院务中断。到1915年经英美各大教会团体及会员的努力合作，始正式恢复。主要人员皆为外人，1929年教育部训令各学校服务人员华人应占大多数，遂重行再组，改名为"北平协和医学院"。协和医学院规模的宏大，管理的完善，组织的严密，这是大家知道。我现在单讲这里面的"社会服务部"（Department of Social Service）。

（一）社会服务部的性质

所谓社会服务部，就是一面帮助病人了解医院，一面帮助医师诊断的一种组织。换言之，就是一个沟通医师与病人之间的隔膜的桥梁。因为医师大多是非常专门的，病人在医师的眼中，常不被认为是人类（Human Beings），而是个生物的组织、解剖的标本。同时，疾病的产生并不是单纯的生理上的失调，而常与他个人所处的社会环境有密切的关系。所以有时一个病人受了医师表面的治疗，是不够的，必须顾到病者的家庭与社会所以给予的影响，加以社会的治疗，他的病才有彻底解除的希望。而这种工作，不是专门的医师所能担任。因此，医院中的社会服务部就同手足一样的与医院不能分离了。

（二）社会服务部的功用

1. 指示病者走完应走的路。一般人常不能了解医院，还有少数人以为医院是剖〈鼻〉心脏、割耳鼻的机关，常不信医师咐嘱，以致在治疗上发生困难，这时就需要社会服务部出来解释。譬如一个患花柳病的人，是需要长期诊治，方能奏效。若只治疗一两次，不但无益，而且反将潜伏的毒素提发，对别人的传染也格外容易。但病人往往因为种种困难，不能来院就诊，这样对他个人及社会的影响都很不好。社会服务部就要设法使病者了解他的病有长期治疗的必要，一方面替他解除困难，若是经济上不能担负医药费，则尽力向医院说项，使他经济上不致受多大的损失。若是因为公务缠身，则设法替他请假而以不致影响其职业为原则。

2. 帮助医师诊断。医师通常只专注意于局部的病象，而不知病人环境的影响，社会服务部帮助医师推寻其心理上的原因，如一人因失业忧郁致疾。若知其为心身的欠缺，或知识的低陋为失业的原因。则设法补救之，而病亦可不药而愈。

3. 残废者的置放。人若因病致有身体上或脑力上发生残缺，势必成为废人，出院后不能自营独立生活，此时社会服务部则设法使他不致成为寄生者。曾经有一人力车夫因病而锯去一腿，去院后，为之介绍至青年会服务，所以他得不入失业之群。

（三）社会服务部所用的方法

依据医院的分类，有外科、内科，外科又分男外科、女外科、小儿外科、骨科等。医院每部各有社会服务部服务员□人在旁负责。最初在门诊处（Out Patient Department）随时观察病人，倘有问题，则将情形记录于卡片上，置一布袋内，片上主要的分类是病者的历史、病象与病原及问题。这时服务员应该注意病者问题的性质，譬如倘使病人只是患伤风的，问题就比较简单；倘若上述那个病人兼患花柳病，那么社会服务部的责任也就比较复杂了。

关于住院的病人，所记载的就比较详细，那些卡片是要订成一个簿子。对于病人的调查分两种：一种是直接的，就是当面向病者探寻；一种是间接的，是病人说的不清楚或不真实时，服务员到病者的家里去探问他家人或邻居，将所得的材料纪在簿子上。簿子叫做"Yellow Sheet"，簿子的效用就是先做"社会的诊断"。

倘使病人痊愈了或不幸死亡，社会服务部的责任也就告一段落。这叫做 Case Closed，把那些卡片放在一个 Index Box 里保留着。

他们的工作每年作一个报告，纪载着许多宝贵的资料，可供研究社会学者的参考。

（四）社会服务部的历史

这个机关成立已 13 年，协和的医师当初多来自美国。而美国的医院无论大小，都要这种机关的设立。所以他们到中国来时，感到很不方便，于是就开始设立，在 1921 年全部职员不过三人。后来事务日繁，逐年扩大，1926〈年〉以后更形活跃，现有服务员共 25 人，男性占 3/4，女性占 1/4。

（五）病人的问题（Case Problems）

就是一般病者所发生的问题，最主要的不外以下数种：

1. 经济窘迫。以三等病房中为最多，因无力请求卫生，或生活困难忧郁致疾，或不能负担医药费等。

2. 知识缺乏。不能了解医师的吩嘱，社会服务员须加以解释，并在相当时间，告以人生的常识。

3. 家庭生活不安定。如夫妇不睦，影响其精神者甚大，社会服务员应设法安慰之，以促病人之速愈，并在可能范围内为之解决或告以解决的方法，使其疾病之人不致再发。

4. 失业。如因失业而致病。

5. 精神不健全。

二、妇婴保健会（Peiping Committee on maternal Health）

（一）性质及沿革

妇婴保健会是北平市唯一提倡节制生育的私人组织，同时促进一般婴儿的康健、产妇的安全，亦是它主要的目的。因为有许多人感觉中国的"穷"病，大部分是因为于生殖过繁，所以需要"限制出生数量，提高人口品质"。一方面注重婴儿的健康，培养优秀的国民，以增进国民的品质。妇婴保健会就是为实现此种理想而产生的团体。

最初的发起人是燕京大学教授 Marmell Stewart 氏，经平市助产学校校长杨崇瑞、协和医师 Pruift 女士及燕大教授许士廉氏等的赞助，在 1930 年宣告成立。那时候规模很小，每周只开诊一次，一年后因故停顿。

至 1932 年，有许多新会员加入，会务复活，并且大加扩充，新会员有协和医师 Grant、李定安、方颐积及清华社会学系教授陈达，同时沈麒医师将诊治时间增至每周两次。于 1933 年正式立案，并有李恩英、高君则两女士加入服务，由协和医师王逸慧制节育药品，从此会务的进行蒸蒸日上了。

（二）服务的情形和范围

它的服务大概分两方面：

1. 学理的探讨。对生育节制的理论尽量地探讨研究，一方面宣传节育的方法与必要。除散发宣传小册子外，又发行刊物，现共有三种：

A. 人口副刊。每月第一星期日附于《北平晨报》，每期约8000字，专门登载关于人口问题及节育的讨论文字，并且随时披露读者对节育的需要和"子女累"的呼号。

B. 节育讯。每月18日附于北平《实报》，每期约400字，登载一般节育的消息。

C. 节育须知。每月25日附于北平《全民报》，每期约200字，用浅近文字灌输节育的常识。

2. 方法的实施。设有节育指导所于北平东城钱粮胡同甲二号，聘请女医师指导有节育需要的已婚妇女。凡已婚妇女对以下痛苦已感受其一者，即有节育需要：

A. 生产过繁，受孕期太近；

B. 已有子女，受经济压迫；

C. 身体欠康健；

D. 遗传欠健全。

方法是先通信声明需要节育的原因，及写实姓名与住址。所中即派人调查，如合格者则定期由医师面授节育方法。他调查亦是分直接与间接两种，直接是口头的盘问，若来者言语支吾或并未结婚，则拒绝教授。间接是到请求者的家中或邻居访问。

凡到会请求节育的，都按期邮赠《人口副刊》一份，并时常和她们通讯，印有函件，其格式如下：

太太:

前承来会请示节育法，用后光景如何，至念。兹送上问题答案一纸，望祈详细填答，5日内掷下，使敝会将来工作计划上有所遵循。

专此即候

时安

北平妇婴保健会

月　日

注意：答案最好将尊夫意见列入：

1. 您用的丸药？水药？皮套？

2. 您现在还用着吗？是，否。

3. 您用药物后曾受孕几次？

甲、大产几次

乙、小产几次

4. 若是您还用着，请告诉我们您的经验：

甲、双方的感觉

乙、有何困难

丙、有何问题

丁、您的希望

5. 若是〈已〉您已不用了，请告诉我们不用的原故。

他们宣传的印刷品很多，对婴儿健康的养育方法也印有传单。我们去时招待员殷勤解说，并且把药物拿出来给我们看，可见其工作的努力和宣传的热忱。

（三）经费的来源

它是个私人的团体，没有确定的经费，纯靠团体或个人的捐助。它的房子是从平市卫生局保婴事务所分出来，医师是义务的。除了一个常川的事务员略支薪俸外，没有多大开销，对贫苦的节育请求者更免费供给药物。它对会员资格更以捐款的多少而定，凡一次捐50元者为名誉会员，捐20元者为永久会员，年捐2元者为会员。

（四）现在所能看到的成绩自妇婴保健会成立以后对社会的影响，至少有下列几点：

1. 了解节育的意义和节育对于表同情的人渐渐增多，这是在舆论界和一般人给保健会的来函中可以看得出的；

2. 下层社会的节育者函渐增多，如工友、店员、农民等，现在已有依照会中步□示实行节育；

3. 节育方法有进〈步〉，指节育用品及费用都较前低廉了；

4. 运动的扩大，关于讨论节育方法和理论的文字近来发现于报章杂志者甚多，并且许多地方有相同的团体成立。

结　语

这两个机关所含的社会意义是异常重大的，前者能消除一般人对医院的隔膜和增进公共的健康；另一方面，可由病者口中发现许多珍奇的社会秘密，对社会学上的贡献是不能轻视的。后者可以把许多因被儿女所累的人解救出来，间接减少社会上许多贫穷和罪恶，增进个体的健康。最后我希望像这样有益社会的团体到处建设起来。

10月29日

（原载《社会月刊》1934年第1期）

北平协和医院社会服务部 1927—1929 年度报告

【美】Ida Pruitt 著　　谷晓阳 译

导言

　　1921 年，当北平协和医学院协和医院开展社会服务之时，它被认为是"试验性的"。当时即便是在美国，在大型医疗中心之外提供医疗性社会服务也属凤毛麟角。当时，在中国存在着关于进行家访是否可行？社区是否拥有足够的资源以使社会工作可以有效开展的疑虑。因此，北平协和医院社会服务部成立之初的 3—4 年间，始终在探索哪些是可以开展的服务。实践证明，除极少数情况之外，病患们都欢迎社会服务部的人员到家中探访。病患们因为有人对他们像关心自己一样而感到格外高兴。他们不仅与我们交谈，向我们倾诉，允许我们访问他们的家庭，而且他们还带着他们的问题主动来拜访我们。

　　匮乏组织化的机构是一个非常现实的问题。但是，中国的家庭承担了主要责任，而且几乎每个人在相当大程度上都拥有自己的"亲朋好友"。通过慈善基金和一般性捐赠，我们建立了一个救助备用基金，以便为那些亟需金钱的患者提供救助。许多病人不需要或只需要极少量的金钱，他们迫切需要的是医疗人员的专业知识，迫切需要知道如何让病人和他们的家人获得所需医疗信息的方式，迫切需要知道社区能够提供什么，迫切需要知道他们能够做什么和他们应该怎样做。

　　有时候人们对医院社会服务的认识存在误解：认为它完全是

为穷人服务的，主旨就是施财给钱。其实这并非是医院社会服务宗旨，尽管在许多病例中，确实伴随着贫困问题。

社会服务存在的主要理由与医生或医院其他分支部门存在的理由完全一样：即照顾和关爱病患，研究和消除引起疾病的病因。医院社会工作者使用的疾病定义是现代性的：即所有妨碍一个人享受他完满生命状态的事情都是疾病。社会服务探寻一切失能和疾病的原因，并且努力探寻可以消除这些病因的方式。

我们在阅读这份报告时需要时刻铭记在心的一条重要原则是：社会服务的所有活动和所取得的一切成果，都是在贯穿病人整个治疗过程最高目标的指引下完成的，即为了让病人在疾病的意外打击后能够治愈并且能够再次独立生活，或是尽可能地接近这种独立生活的状态。私人执业医生的医疗性社会服务范围局限于医生自身的亲历亲为，或是医生为他自己病人提供的咨询。私人医生执业范围之外的活动并不被认为是医疗性社会服务的范围，而是一般性社会服务。因此，发展的方向是探寻由适宜的外部的社会服务机构去满足照顾关爱病患的需要。但是目前，北平还没有这样的社会机构，北平确实需要组建这样一个社会机构。医疗性社会服务是现代医学观念和态度的必然产物：即诊断前必须知道导致失能和疾病的所有病因，假如这种治疗不局限于姑息治疗，而是必须对症施治和根除病因的话；医生对于病人的责任，只有当病人再次尽可能恢复作为一个能够正常发挥社会功能的社会成员之时才能终止；病因和治疗方法常常蕴藏在于病人的个性、人格和病人的生活环境之中。因此，在社会服务工作中，收集社会事实和衡量、评估这些社会事实是采取任何行动之前至关重要的基础性前期工作。与此同时，研究病因和缓解压力是所有其他医疗分支领域都一样需要完成的工作。

个案工作

我们在实务中使用个案工作的方法。从个人、家庭和社区的角度看，每位病人都应单独地予以研究，以便找出导致他无法保持一种健康和独立生活状态的各种障碍因素。

有时候这会涉及到漫长的适应和调整过程，经常长达数月之久。身份的确定，家庭成员外出的膳食，必要的交通安排，与家庭成员的谈话和使他们理解现实的状况，以便赢得他们的合作。这种研究显示，有时候只能从事一些简单的工作，有时候则完全一事无成。慢性病必须经历一个漫长而乏味的治疗过程，为了实现让病人为他的治疗而定期复诊的目标，这可能涉及到需要从地理位置与经济的角度总体上重组病人的家庭。这常常包括教育病人，提醒患者虽然他的症状有所改善，但是他仍未完全痊愈的过程。

第三等级的病人涵盖了从独居的乞丐到来自富裕家庭的成员。除此之外，一些来自第一等级和第二等级的病人也需要社会服务一类的帮助。独居男性的数量是如此巨大，以致针对他们开展一项专项研究可能是值得和富于启发性的，尤其是在中国这样一个以家庭生活作为个人的保险以防御年老和意外事故，以及个人对抗外部世界保险的国度里。所有层次的家庭成员都是相互关怀的，其中包括许多那些来自甚至低于贫困线的家庭，还有一些富裕家庭和小康之家。

北平不是一个工业城市，城市居民主要包括军人、来自各省的学生、公务员、提供城市生活所需物资的商人、在屈指可数家庭作坊中制作地毯和景泰蓝的工人。由于许多人经济状况不佳，而且缺乏有组织的社会机构，毫无疑问，我们只能选择那些有望取得良好的医学——社会性预后的人，那些有望通过对当下天灾人祸和突发事件的帮助而有机会再次成为独立社会个体的人，或者是那些现有机构可以安置的人。

社会工作者用于给予病人的金钱犹如药物对于医生一样——是治疗中颇具价值的援助措施。如果没有社会工作者来管理金钱和提供其他方式的帮助，或者是没有医生开具的处方药物和提供的其他治疗，单纯是药物或是金钱本身，情况要远比不足够更加糟糕。社会工作者最主要的训练需求是发现、识别、研究和处理问题。

北平协和医院医疗性社会服务的发展

第一年的时间用于证明中国不仅能够开展医院社会服务，而且比在美国更有必要、更有效果开展服务。在美国，其他的机构也开展某些医疗性社会服务。第二阶段，着手组建一个能够满足协和医院需要的社会服务机构成为当务之急。这包括研究医院每个科室的需要，招收社工并培训他们。

在拥有足够多数量和训练有素的员工之后，我们开始了第三个阶段：即医疗工作和社会工作更加紧密地合作，社会工作者和医务人员更加密切地相互依赖。我们是从如下几个方面推进这项工作的。

培训社会工作者

主修专业为社会学或教育学的大学毕业生，似乎是个案工作者的最佳人选。经过毕业后长达三年的实习期后，他们会成为成熟的个案工作者（时称专案员）。如果可能的话，社会工作学院的课程是非常有价值的。

燕京大学正在计划筹建一所社会服务学院。我们选择在燕京大学取得硕士学位的一位个案工作者同时担任学生个案工作的督导。目前，协和医院社会服务部的主任（即浦爱德本人）在燕京大学开设一门个案工作的课程。当筹建中的社会服务学院建成后，它将会就医疗社会服务方面寻求北平协和医院的指导，协和医院社会服务部将会成为该院的实习基地。

我们经常受邀为其他医院培训员工。我们平日里与各式各样的社区组织和各式各样的私人组织保持密切联系（例如北平市社会服务局）。训练有素的员工经常是供不应求，备受欢迎。

记录信息的方法

我们采用了一套新型的记录和分配工作的系统。所有的社会信息、发现的问题和解决困难的方案都被记录在社会病历之中，同时将有关病人情况的医疗记录、护理记录装订在一起。这使得所有致力于病人诊断和治疗工作的人员非常便利地得到病人的相关信息。为便于查询，社会服务信息都记录在黄色的纸上。

记录的信息分为如下二类：

1. 身份信息

我们发现，为加强与离院后病人的沟通联系，朋友和直系亲属的姓名、地址，而非目前家庭的信息，对于保持与病人的联系是十分有价值的。

2. 家庭状况

这类信息具有双重作用。一方面它为医生提供了病人来源和病人必需返回的家庭的情况，因此这通常有助于改善预后，提供了返家后治疗的大致情况，或是记录了病人返家后应有的生活方式。另一方面，当病人仍在病房之中，而且通常是在问题尚未恶化之前，这类信息也给社会工作者提供了发现病人现存的特殊社会问题，或是医疗性——社会性问题的机会。

如果可能的话，在病人住院前采集基本的信息，这给社会工作者提供在更加自然状态下了解病人的状况，访谈那些陪伴患者的家庭成员，或是患者朋友的机会。这有助于早期发现病人的社会问题，并且有利于确认病人朋友和亲属的地址。

假如能够发现明确的问题，那么将开展进一步细致的调查并详细记录。在一个家庭状况的综述说明中，一系列导致该问题的有关事件的简要历史将被记录在案。然后，问题将以简表的形式表达，而且简述解决问题的尝试性计划。这类深入、细致的研究包括家访，访问朋友、雇主和其他与病人熟悉的人。

获取和记录信息的最大困难是所有的员工在被聘用的时候都是新手，而且他们多热衷于行动，而不是思考和写作。然而，当他们变得训练有素和经验丰富之后，他们便能更清楚地认识到他们的工作在医院工作当中的全面性意义。

工作分配

第二个创新是对工作人员服务的分配上。实践证明：医生和社会工作者都非常地接纳这种服务分配。医生渐渐习惯与既定的社会工作者讨论问题，而且社会工作者也有机会集中精力，避免分散他们的注意力和精力。当时没有足够的社工兼顾所有的病例，但是，除极少数案例外，所有三等病房的病人都得到了常规性服务。社工的工作范围也覆盖一些门诊病人。社工对医院和门诊服务没有覆盖到的病人都做了标注。儿科门诊部有位常驻的社工，她与儿科所有的住院病人和门诊病人都保持密切的联系。社会工作者在门诊随诊所有的心脏病人和结核病人，并且跟踪整个治疗过程。梅毒门诊也有一位常驻社工。在黑热病、胃肠疾病这样的慢性病门诊中，所有病例都由分配到诊室的社工进行跟踪、随访。

服务列表

附表中罗列出社会服务工作者能够为病人提供的一些专门性服务活动。在诸多没有被记录的病例之中，许多病人没有完成治疗是由于缺乏资金。所有对病人的服务项目都包括向病人总体性介绍医院，病人在不同诊室转诊中各类医疗服务之间的相互关系，促使病人做好听从医生建议的心理准备，提供病人的背景性信息。还有许多相关活动难以在列表中反映出来。报告是由不同的社工撰写的，所以列表也因想法和呈现内容的不同而有所差异。尽管结果显示尚有大量病人没有得到服务，但是前述的一般性服务项目已经普遍实施，而且有关病人家庭的信息都登记在册以便医生随时查询。

第一组图表显示了职业与服务提供之间的相关关系，目的是为了以图表的方式阐明：尽管经济问题必然是医院社会服务要解决的重大问题，但却并非是唯一重大的问题。这些表格同样反映在三等病人之间社会分类的范围问题。许多相似的职业和服务类型被分组列表于一般性题目之下，以便使表格简洁明了。"Steering"一词表示，探访那些由外面的社会机构或医疗机构转介的病人。通过特定诊所，而且在将他们转回最初来源机构之时，为他们撰写一份包含医生发现的问题和推荐保健护理措施的报告。

特别针对士兵进行的出院计划安排常常牵涉到许多问题，有时候需要安排军官带回那些逃离军营的士兵，或者是有时候需要军队医院接回他们的伤病员。有时候必须获得通行证以便使已经转移驻防地的士兵重新回归他们的部队。

对于普通市民来说，这种社会援助要求常常是像查找不准时的列车时刻表一样，保证病人按时赶上火车，找到朋友和亲人来照顾虚弱或是正在康复期的病人，或是为病人安排黄包车或是公交车作为交通工具。例如，有一次需要救护车护送一位病人去通州，但是通州超出了医院救护车的行使范围，我们便租了一辆公共汽车来充当救护车。

住院安排包括诸多内容，例如对病人住院决定的影响，为病人安排免费的病床，或是有空床之时送病人住院。

第二组图表显示了发现的问题和所需服务之间的相关关系。最后一组图表是对协和医院不同科室提供社会服务的总结。

儿科服务

儿科社会工作者最有趣和最令人兴奋的一项服务是将私生子或弃婴安置在收养家庭中。这本该是一些儿童福利机构的工作，但是，由于"寻亲会"（Home Finding Society）的工作不积极，儿科社会工作者便被迫肩负起这些责任。当需要之时，儿科社会工作者会竭尽全力为孩子们安排所需的临时食宿，而且大多数情况下这些安排都非常成功。目前有两处临时寄宿之家，女调养院也可以短暂地收留孩子，还有两个私人住宿之所。社工们定期带孩子到门诊进行检查。临时食宿之家婴儿的社会服务是直到为他们找到永久收养他们的家庭，同时寄养那些母亲患病或是死亡家庭中的婴儿和儿童，或是寄养其他一些因为各种原因而必需短暂离家的儿童。

在家庭中给婴儿补充营养虽不是一个大型服务项目，却是一项重要的服务。这也是在儿科服务的指导下完成的，服务内容是在可能范围内以豆奶代替牛奶粉。在一些情况下，通过提高母亲的食物供给以便使母亲能够使用她自己的母乳喂养婴儿。由于所需花费高昂，补充喂养服务并未广泛开展，但是，它既可以作为有助于医生实务，又有助于病人健康的措施来加以推广。

心脏病服务

所有到门诊就诊的心脏病患者，无论他们住院与否，社工都进行随访。社工提供专门安排以保证所有的心脏病人，无论是住院患者还是门诊病人，都能在门诊得到有定期随访。表格显示病人来源的社会分类和随访的结果。由于工作岗位的短缺，同时也由于许多壮劳力处于失业状态，在帮助病人获得工作方面并未取得多少成效。不过，少数心脏病人可以继续从事自己原来的工作。

黑热病服务

在15例黑热病人的随访中，虽然病例数量不多，但是却反映出需要提供更多的服务。绝大多数患者是来自农村的小男孩，他们不仅需要一个住所以便使其完成数月的治疗，而且还需要比大人更多的关爱和监管。他们的家人通常返回家中种田，当治疗过程结束时才能来接孩子出院。

结核病服务

一位社工负责全职照看结核病人的工作，在结核病房工作的其他社工负责把所有的结核病人都转介给她。她参加结核病门诊，查看所有由医生转介的结核病人，并尽力安排他们去门诊治疗，或是住院，或是住疗养院，或是回家休养。无论如何，治疗都是合理的。结核病人所需的治疗方式，是医生和社工根据对患者的病情、社会和经济状况的慎重考虑而共同决定的。服务重点是照顾处于早期阶段的结核病患者，以及有足够收入以完成整个治疗过程的病人。

在督促病人完成整个治疗的过程中，需要提供各式各样的服务。有关结核病的表格显示出一部分服务内容，同时也显示出病人来自不同的社会类型。

第二份关于结核病的表格说明：为什么一些病人会失访，或者为什么在一些病例中没有提供任何服务。

男调养院

男调养院最多可以容纳 22 张病床，有时候床位紧张时需要将活动能力较好的恢复期病人暂时送到小旅馆居住。位于清华门外的北平协和医学院园林部可以安排 1—4 个恢复期的病人居住，此举带来了良好的结果。这些病人无需住院治疗，但是确实需要休息、适宜的食物，以及不定期的回门诊随诊。

女调养院

女调养院可以容纳 10 位妇女或是儿童，以及 3 个婴儿。尽管并不总是满员，但也从没有闲置的时候。女调养院服务的奋斗目标是力争使院里的生活条件尽量达到一个普通工匠之家的水平，并且在现有条件下尽可能做到清洁卫生，干净整洁。

特殊服务

此外，医院社会服务中尚有两项十分耗时并且十分重要的服务：一是为由北平协和医学院提供保险金的雇员安排葬礼，二是调查雇员的家庭情况。但是这些案例的数目不大，不足以用统计表格呈现。有时候无家可归者或是穷困病人死后也会葬在医院的公墓里，一位社会服务工作者负责安排葬礼。

有些雇员的家庭有权享有协和医学院提供的保险金，当此类雇员死后，社会工作者将对他们的家庭现状进行调查，并且需要向审计员（Comptroller）提交一份带有建议的调查报告。保险金的理赔和支付由社会服务部管理。

一年中要处理六个这样的案。在两个案例中，雇员家庭的生活来源完全依赖雇员的收入，在其他四个案例中，只是部分地依赖雇员的收入。随后的计划是用尽可能少的钱支付葬礼开支，并将结余的钱持续性地帮助该家庭，而不是将保险金在当下开支中完全用完的方式进行投资。有些家庭尚有需要偿还的欠债。保险金的六种投资方式如下：

方式1：购买两辆四轮马车和一匹骡子以便出租给那些驾驭牲畜运输车的人，租金是每月8美元，收入归入这位遗孀名下，加上该遗孀原有房屋每月6美元的租金，能够保证这位遗孀的基本生活。

方式2：购买3辆人力车，以每辆每月18美元的租金出租。

方式3：余款均分给三个继承人，并且将钱有息借贷出去。

方式4：赎回被抵押出去的土地。

方式 5：部分钱财有息借贷，部分钱财投资于养鸭。

方式 6：购买一处（2 间屋子）小房子。

另外一件十分有趣的特殊工作是照顾 1928 年 8 月在兰州战役中受伤转院来北平的伤员。当军队医院关闭时，北平协和医院门诊部一天接诊了 28 名伤兵。医院的院长助理从这些士兵支付的开支中划定了一笔专门经费，并要求社会服务部为他们做出相应的安排。这种方式扩展到其他冬季里陆续来院的伤兵，整个冬天来院伤兵的总数达到 50 人。他们被安排住在哈德门外的一家小旅馆里，每人每晚收取 5 分钱，每人每天收取 10 个铜板作为被褥费。一家餐馆负责饮食，由警察担保北平协和医学院会承担餐饮费用。因为绝大多数伤兵没有过冬棉衣，所以由一个临时性饥荒救济机构为他们提供棉衣。当伤兵痊愈之时，安排他们返回自己的家乡。通过北平—天津军事总部的安排，每个基本痊愈的伤兵可以得到 1 张火车票和 1 美元，每个伤势较重伤兵可以得到 1 张火车票和 4—5 美元。

随访服务

1. 外科的常规随访与往年一样，平均复诊率较高。

2. 个别病例会应医生要求，进行专门的随访。鉴于掌握所有住院病人的常规信息资料，这使得随访工作比往年更加容易，提高了复诊率，而且病人复诊的益处明显：一是病人回访临床科室，二是有助于获得病人的信息。除了偶尔需要找寻某些个别的病人，例如有时候矫形外科、糖尿病科、痢疾科门诊要求这类特殊病人，对于绝大多数病人来说需要找寻他们来复诊。每科门诊部都向分派到科里的社工提出许多要求，这包括确保病人来复诊，或是获得病人的信息。

3. 病房里的社工开启了病人的常规医疗随访工作，要求病人在指定的门诊时间来复诊。

公共卫生

每周 2 个半天的时间里，有一名社工专门研究和解决北平市公共卫生示范区家庭中的社会问题。

一名社工为公共卫生专业的学生们授课。

人员

社会服务部有一位男士比较特殊，因为他一开始就在社会服务部工作，对北平也十分了解，而且拥有良好的理解力和常识，所以他在社会服务部的地位重要（疑指王子明先生）。社会服务部的其他人员都是主修社会学和类似学科的大学毕业生，他们在当今中国都具有使用社会服务训练的优势。社会服务部最初有四位工作人员，目前在职社工中有两位曾在纽约社会工作学院进修、学习过。

教学

社会服务部主任在燕京大学开设为期半年的关于个案工作的课程。

社会服务部主任曾为护理学生开设了一系列简短的讲座。

社会服务部的不同成员时常受邀到社区健康站和不同学校进行演讲。

两月一次的研讨会

每隔一周便举行一次半社交性的会议。有时开会地点是在社会服务部主管的家中，有时在一个中国餐馆里，有时在北平协和医学院礼堂的社会厅。社会服务部的社工们发表有关北平城中各式各样社会机构的研究报告，也经常有北平市声誉卓著的社会工作者和著名的海外人物受邀做演讲。

研究

经过 8 年的工作，社会服务部积累大量的社会病史资料，值得投入精力将其制表成册。中国社会调查所（The Chinese Institute of Social Research）在社会服务部专门安排了一名研究人员，以便研究社会服务部前 5 年记录的资料，近期又增派了第二名研究员。

A. 门诊部的常规服务

Ⅰ. 新病人

1. 帮助病人找到合适的诊室和医生。

2. 如果病人过早到院而未到就诊时间，帮助他们安排早餐。

3. 在照顾病人和对他们的病人进行报告上，与其他的组织合作。

4. 如有必要，与住院处人员一起为免费治疗事宜进行经济状况调查和安排。

5. 遇到突发事件时提供紧急的救援。

Ⅱ. 当前的病例

1. 重新预约就诊时间和巡视他们就诊的状况。

2. 帮助病人了解诊室，了解他们的疾病，了解不熟悉的诊疗流程和治疗方案，说服病人遵从医嘱完成疗程过程。

3. 当他们去诊室就医时，从经济、地理、心理角度帮助病人顺利就诊。

4. 为工作和慈善捐助事宜与其他的机构合作。

5. 帮助病人的家庭成员寻找工作。

6. 对那些选定的无支付能力的病人给予经济援助。

III. 病人的住院治疗

1. 协助病人适应调整的需要，说服病人入院治疗。

2. 为预约床位的患者排序。

3. 为那些在病房里的母亲安排婴儿的膳食。

4. 为医院收费进行经济调查。

5. 安排病人入住其他的医院或是疗养院。

B. 门诊部的特殊服务

Ⅰ.内科诊室

大内科门诊：

一位社工专门负责男子和女子诊室的工作。

儿科门诊：

一位社工专门负责儿科诊室的工作。

a. 照顾来自家庭或孤儿院的孩子。

b. 为家庭中的儿童制定特殊食谱。

c. 提供奶粉和豆奶。

d. 帮助母亲理解儿科的问题。

e. 介绍奶妈和乳母。

结核病门诊：

一位社工专门在结核门诊值班。

a. 解释医生关于休息、X线检查、用药的医嘱。

b. 对于在家或在疗养院休养提供建议。

c. 对家庭成员进行安全防护的指导。

d. 帮助家庭成员进行体检。

e. 调查后调整住院费用，通常是在患者家中进行调查。

f. 帮助联系住院。

g. 帮助安排疗养院护理服务。

h. 帮助提供额外的食物。

i. 随访病人。

j. 对未来的职业生涯给予建议和提供帮助。

梅毒门诊：

一位男性社工专门在此门诊值班，一位女性社工随时待命。

a. 对病人疾病的性质和重要性进行指导。

b. 对病人的家庭进行调查。

c. 帮助病人完成全部治疗过程。

皮肤科门诊：

在梅毒门诊工作的社工人员随时待命。

心脏病科门诊：

一位社工专门在此门诊值班。

a. 帮助病人维持治疗。

b. 对家庭护理和合适的职业进行专门安排。

神经病科门诊：

一位社工随时待命，但是尚无受过精神治疗专业训练的社工。

II. 外科门诊

1. 普外科门诊

一位社工专门负责男性外科、女性外科门诊的工作。大部分病人来自乡镇，他们常常需要专门的帮助。

2. 矫形外科门诊

一位社工专门在此值班。

a. 提前安置好设备。

b. 为病人不远的将来制定计划。

3. 泌尿外科门诊

矫形外科门诊的社工随时待命。

4. 牙科门诊

社会服务部的普通工作者随时待命。

III. 产科和妇科门诊

一位专门的社工随时待命。

a. 通过努力获得未婚妈妈的信任。

b. 随访那些需要长期持续维持治疗的病人。

IV. 眼科门诊

一位专门社工随时待命。

V. 耳鼻喉科门诊

一位专门社工随时待命。

C. 病房中的常规服务

I. 新病人

1. 帮助办理入院手续，安排处理家庭事务，向雇主请假等。

2. 管理等待入院病人的名单。

3. 经济状况调查，劝说雇主出资帮助他们的雇员，推荐免费的护理。

II. 出院的病人

1. 预防"违背医嘱"的出院。

2. 指导家属出院后护理。

3. 为病人寻找合适的落脚点和新的工作，尤其是那些有残疾的患者。

4. 制定交通安排计划。

5. 安排复诊事宜。

6. 安排葬礼。

7. 安排转移到其他的机构或组织。

8. 制定使用北平协和医学院雇员保险的计划。

9. 临时性经济援助。

D. 病房中的特殊服务

Ⅰ.内科服务

1. 大内科

一位社工专门在大内科门诊同时负责 H-Ⅱ 和 G-Ⅲ 病区的工作，另外一位社工专门负责 H-Ⅰ 病区。

2. 儿科

一位社工专门在儿科门诊负责 H-Ⅲ 病区。

a. 寻找寄宿家庭。

b. 安排收养工作。

c. 向家长解释医生关于后续护理和喂养要求的医嘱。

3. 梅毒和皮肤病区

梅毒门诊的社工负责该病区住院病人的工作。

4. 神经科

一位社工专门负责所有神经科住院病人的工作，同时在神经科门诊随时待命。

II. 外科服务

1. 专门社工既负责普外科门诊，又负责G-II和G-III病区工作。

2. 专门社工既负责矫形外科门诊，又负责病房工作。

3. 专门社工既负责泌尿外科门诊，又负责病房工作。

III. 产科和妇科

一位专门负责产科、妇科门诊的社工，同时负责K-III病区工作，当K-II病区运营后，迫切需要增加一名社工来分担这些服务工作。

IV. 眼科：一位专门负责眼科门诊的社工，同时负责眼科病房工作。

V. 耳鼻喉科：一位专门负责耳鼻喉门诊的社工，同时负责耳鼻喉科病房工作。

合作机构的名单

I. 社会局建立的贫民院

1. 女子贫民院—Chiu Chi Yuan〔石碑胡同（Shih Pei），Hsi Ssu Pai Lou〕

2. 男子及男童贫民院—TI Erh Chiu Chi Yuan（Chien Fu Ssu, 安定门内）

3. 儿童贫民院—Erh Tung Pu（Hsi Ssu Pai Lou, Kuang Ning Po Chieh）

4. 跛人贫民院—Chin Chi Yuan〔Slum wai，教子胡同（chiao tze）〕

Ⅱ.独立的孤儿院

5. 弃婴之家—育婴堂（Yang Feng Chia Tao）

6. 天主教孤儿院—Jen Tze Tang〔西什库（Hsi Shih Ku）〕

7. 西山孤儿院—Hsiang Shan Tsu Yu Yuan,香山 西山（Hsiang Shan, Western Hill）

8. 孤儿学校—Chiao Pao Yuan,（Shih Fu Ma Ta Cchieh No 22）

Ⅲ.小组工作的机构

9. 北京交易所—为了妇女的缝纫（灯市口：Teng Shih Kou）

10. 美国公理会缝纫俱乐部（灯市口：Teng Shih Kou）

11. 燕京地毯厂—为男童提供工作（Hou Ku Lo Yuan 和 Ho kung Hsiao Tsai Yuan）

12. 天主教孤儿院缝纫室（西什库：Hsi Shih Ku）

Ⅳ.综合性的医疗机构

13. 道济医院—基督教长老会差会（Pei Hsin Chiao）

14. 斯利珀—戴维斯医院和公理会同仁医院（哈德门内）

15. 中央医院（Ping Tze Men Ta Chieh）

16. 红十字会医院（Yang Feng Chia Tao）

17. 成福药房—Mrs.Learmouth（燕京大学）

Ⅴ.照顾结核病患者

18. 为男性提供的霍普金斯疗养院—西山

19. 为女性提供的菲利普斯护理之家（Yang Feng Chia Tao）

20. 为男性提供的西山疗养院（Pi Yun Ssu：披云寺）

备注：在市中尚有其他合作机构，但是上述机构是最经常与社会服务部合作的机构。

表1：北平协和医院社会服务部1927—1929年服务对象职业与外科服务次数关系统计表

服务 职业	无服务	一次服务	两次服务	三次服务	多于三次	总计
苦力	53	7	9	3	8	80
学生	51	10	4	1	4	70
农民	23	12	8	2	8	53
士兵	28	11	2	5	4	50
主妇	26	12	4	1		43
职员	26	6				32
商人	22	4	1	1		28
公务员	16	4	2			22
儿童	8	4	2	2	3	19
仆人	11	1	1	2	1	16
学徒	11	1		2	1	15
专业人员	13		1	1		15
工匠	9	3				12
小贩	8	2		2		12
乞丐	1	1	2	3	4	11
僧人	1	1				2
女仆	2					2
算命者		1				1
妓女		1				1
总计	308	81	36	25	33	484

注释：原报告共列举三类17张不同类型的统计表格。由于篇幅问题，我们仅选译其中一个作为典型示范，以供全国医院社工同行参考借鉴，特此说明。

［下略］

燕大在清河的乡建试验工作

王贺宸

一、绪论

燕大在清河所作的乡村建设试验工作，到现在已然有了 6 年的历史。6 年中的工作，就我们自己看来，有许多是成功的，失败的也不在少数。不过我们不敢相信在这短短的 6 年内，在我们这样一个私立教育机关缺少政治力量不健全的组织之下，所得的结果都是准确的。成功者也许是出于侥幸，失败者也许是工作的技术问题、方法问题，而不是工作本质的问题。因此，在过去我们不愿把这样的工作结果率尔发表出来，仅为了应付或种需要而出过两本简单的报告。近来因看到乡村建设工作已引起朝野的注意，逐渐形成为一种普遍的社会运动。不似前几年的仅为一种私人活动，政府也积极的来参加这种工作了。综计全国从事这种工作的公私机关至少已在百数以上。我们且不管这些机关的动机如何，观点是否正确，主张是怎样的纷歧，这种盛极一时的运动却足以使我们表示欣慰的。清河因为在初期的乡建运动中尽过一些推动的力量——虽然是很微末的——所以我们预备把几年来的工作做一个总报告。把每一项工作的原起、经过、结果，无论是成功或是失败，都加以详细的分析。其目的在供给从事乡建工作者之参考，而不在自吹自擂。因其如此，是以成功者我们既不伪作谦虚，失败者也不善为掩饰。因为我们相信，工作的成败不仅是一个机关的成败问题，而是与整个乡建前途密切相关的。此书已在着手，但完成尚需时日。兹承本刊编者之嘱，先草此短文，使阅者稍稍认识本区的工作。

二、清河试验区的历史

本区是由燕京大学社会学系创办的，时间是在民国十九年的夏季，但是动议却远在二年以前。我们创设试验区的目的，可以分四点来说。

甲、因为中国农村受了内在的、外来的种种原因，日趋于破产，在在的呈现出凋敝衰落现象。农村的土地、人民占全国的大部分，农村的这种状况不加改进，整个的国家也不容易建设好。所以，试验乡村建设方法，是我们第一个目的。

乙、社会科学的研究，是以实际的人类社会为对象。社会科学的研究者，不能专从死书本上研究，应到实际的人群中观察研究。本区设立第二个目的，便是为本校研究社会科学的师生开辟一个实地研究的实验场。

丙、大学教育所造就者为社会上的领袖人才，如果他们对于中国社会没有彻底的认识，便不能负起领导社会的责任来。本校学生大部来自都市，对于乡村社会情形多数是很隔膜的。使学校与社会打成一片，使学生由接触而认识中国乡村社会，这是本区的第三个目的。

丁、以往本校社会服务这一课程的实习工作，完全侧重在城市方面，但是乡村方面对于社会服务也是同样需要的。本区设立的第四个目的，便是为将来有志服务乡村的学生来实习，使他们获得实际乡村社会服务的经验。到现在为止，在本区已然有三十几个学生作完了他们的实习工作。

在试验区成立之前二年，即民国二十七年，因得罗氏基金委员会的资助，便由杨开道教授领导开始作清河镇的社会调查，以为推进试验工作的准备。这一次调查完成于当年的冬季，经社会学系同人根据调查结果详加研讨，遂决定在清河设立试验区。

经过了一年多的筹备，到民国十九年夏季，试验区才告正式成立。第一任的主任是张鸿钧教授，长驻清河的干事是社会学系毕业生万树庸先生。开幕时全区只有租来的一大间阅报室，三间南房是办公室，同时也是宿舍、客厅和饭厅。职员也只有两个人。到冬天因为工作上的需要，又增加一位一部分时间的女职员，负责儿童及妇女工作。在这一年的工作，大部限于清河镇本镇，在外村只有零星的接触，没有具体的工作。

民国廿年春季，又开始合作及小本贷款工作。七月一日与北平第一卫生事务所合作，试办卫生工作。这一年的工作，组织上分为两部，第一是经济股，其次是服务股，卫生工作附属在服务股之下。

民国廿一年春季，因为工作扩大，职员增加，办公房屋不敷应用，乃将现在的全院四十几间房整个收买过来。研究股在春间正式成立。到七月一日卫生工作亦加以扩充，增加助产士1人，到本年九月又添聘专任医师1人，此时卫生工作即脱离服务股而自成立一卫生股。同时在镇北又自购地十亩，建筑乡村医院。至是本区组织上的四股制度完全确立，整个的规模也可以说近于完备了。

民国廿二年春医院正式开幕，秋季主任张鸿钧教授赴欧考察乡村运动状况，由杨开道教授代理主任，作者为执行干事，以一半时间在学校任课，一半时间负实际工作上的责任。

民国廿三年秋季，张鸿钧教授回国，但因学校课务较忙，仍由作者负实际工作责任。同时本区在这一年改为直属法学院，直至民国廿四年作者奉派为本区主任以迄于今。

综观本区历年发展状况，民国十九年可称之为创办时期，在这时期内工作比较简单，大部时间用在对外接洽及与地方人士联络感情上，以获得地方人士之了解及协助。廿年及廿一年，可称之为扩充时期，本区之组织、设备大体上多是在此期内完成的。廿三年以后，则为继续以前计画循序进行试验时期，工作的方式自然有许多改变，但原则上则前后是毫无二致的。

三、试验区范围内的社会概况

在未叙述本区工作之前，我觉得应先把试验区工作范围内各村社会概况加以说明。因为本区的一切工作计画，都是根据各村实际社会情形而定的。每一种工作，都有他的社会背景。读者如果对于本区的社会环境缺少一个具体的概念，那么，对于我们的工作也许不容易十分了解。

清河镇位于北平正北，距德胜门十八里。本区即以清河镇及其附近四十村为工作范围，其中十六村属宛平县，九村属昌平县，十五村属北平市，在政治上是分属三个行政区域的。有人批评本区工作范围包括三个行政区为不适宜，关于这一点，我们承认它给我们增加了与行政机关合作的繁琐，但我们这样选择的理由，是因为我们侧重在经济的、社会的关系。在经济上，这 40 个村是自成为一个单位，清河镇有定期的集市，为四十村的交易中心。各村的粮食都运到清河来出卖，同时交换其必需的及日用工业品。

四十村与清河的距离，远者十二里，近者一里，平均约五里。各村的人情风俗、生活习惯完全没有差别。因此，我们觉得现行的行政区，实有重行归并划分的必要。归并划分的标准，当然要注意自然的形势，但也要注意经济的、社会的关系。例如现在的清河镇，分属北平、宛平两个行政区管辖，是极端不合理的例。

本区的面积约有二百多方里，南北长 16 里，东西宽 12 里。耕地据统计有 99070 亩，从前差不多完全是旱田，近来经本区提倡水田的结果，水田逐渐增加，现在约占百分之一。旱田宜于种植北方各种作物，而以玉米占最多数。

平绥铁路和清河河水都横贯本区中间，其交点在清河镇西。平绥路的清河车站在本镇西北五里，但这一条路在本区的经济价值很低。清河的水量很小，对于本区的经济影响更是微不足道。

全区共有人口 25000 有奇，平均每人可以有耕地四亩许，其中以小自耕农为多，地主、佃农均少。耕地超过千亩的，在全区只有两家，故土地集中的情势并不显著。

教育情形也很落后，四十村内共有 31 个学校，其中包括一个完全小学和 16 个初级中学，其余完全是私塾。共有学童 1326 名，女生只有 74 名，失学儿童约有一半。四十村中高小毕业的有 105 人，中等学校毕业的（三月毕业之师范传习所占多数）41 人，大学毕业的二人，文盲占全人口数 70% 以上。所以，本区的教育水平是很低的。

全区之宗教信仰，以佛教占绝对多数，但出家为僧者却甚少，在区内九十四个大小庙内，只有一个男僧，四个女尼。耶稣教在本镇活动已有将近二十年的历史，并建有福音堂一处，但是全区的信徒，屈指计来，还不够十家。天主教近三年来才开始活动，以清河镇西的真福院为活动中心，但其中的修士都是外县迁来的，本地人可以说是绝无仅有，普通信徒较耶稣教更少。在宗教活动中，当以清真教为活跃，清河镇有清真寺一所，为教徒礼拜及聚会地点。信徒占全镇人口11.3%，但他们的活动范围只限于清河镇。

全区人民职业以农业为最多，作工、经商不过占家庭人口的一小部分。多是个人外出，整个家庭仍然留在农村，所以这一小部分工商业者，就整个家庭看起来，不外是一种副业而已。

四、试验区的组织及工作原则

本区现在的组织，有主任一人，承法学院院长之命，主管本区的一切行政和工作。主任之下，分设经济、社会、卫生、研究四股，但每股并没有股长，仅就主要工作由专人负责。而且所谓股，也不过是一种名义上的划分，实质上各股之间仍保持着密切的联络。不仅是工作人员的联络，实际工作也是互相联系着的。譬如，我们的经济股的合作工作，与一般专门合作机关的合作工作便有不同。又如，我们社会股的教育工作，与专门教育机关的教育工作也有差别。因为我们每一种工作不但要注重他本身的价值及机能，同时也要顾及对于其他工作的影响。所以，我们的各项工作是连环的、一致的，而不是孤立的。

执行委员会由主任和经主任指定的职员五人组织而成，每月开常会一次，议决试验区的行政方针及工作计划，而由主任负责执行。全区职员会每月开会一次，全体职员都要参加，大家在这个聚会上报告工作，批评工作和交换意见。另外还有一个顾问委员会，为本区工作技术上的咨询组织，由本区聘请各科专家组织而成。例如，杨崇瑞大夫是助产工作的顾问；蓝安生大夫、李廷安大夫、方颐积大夫都作过我们的卫生工作顾问；而本校陈意、龚兰珍、戴乐仁、于永滋、胡经甫、于振周、沈寿铨诸先生，对于本区家政合作、农作物病虫害、农业等项工作，都给我们最大的帮忙。本区工作之得有今日，诸位专家的热诚相助，是我们最感谢的。

在工作上我们并没有什么包罗万象的"伟大计画"，不过在实地工作上有我们要遵守的最低限度的几条原则，一切工作设计都不能违背这几个原则。

甲、是以调查为基础，实事求是。因为我们作为是乡村建设工作，在未着手实施工作之先，必须对于我们所要建设的乡村社会先有彻底的认识。明其症结所在，我们的工作才能对症下药，否则难免文不对题的毛病。

乙、是以通盘计画应付整个问题。乡村社会是整个的，其问题虽是多方面的，但我们不能枝节的去个别解决某一特殊问题，我们所要解决的是乡村问题，并不是单个的乡村教育问题或乡村卫生问题。我们相信整个的问题不解决，个别的问题无论多大多小也无法彻底解决。我们尤其不敢相信单独的教育、卫生或其他某一项建设，便能负起整个的乡村建设任务来。

丙、以经济建设为重心。乡村问题虽是多方面的，但其中也有轻重缓急可分。我们虽不是肤浅的唯物论者，但我们不能否认经济问题的重要性。所以我们的工作以经济建设为重心，而其他的工作也以直接间接能改进农民经济状况为归趋。

丁、一切工作均与各专门机关合作。我们是以社会学者的立场来参加乡建工作的，可乡村建设的每一部门，无论是教育、卫生、合作农业或其他的某一项，都需要专门学者的工作，都得借重专门机构协助。我们在乡建工作上最大的机能便是统筹一切，使各种专门工作以一种适当的配合，发挥其最大的功能，以适合乡村的需要。所以，我们每一种工作都与性质相同的机关保持密切的联络。

戊、尽量聘用本地人才，加以训练，以参加我们的工作。一因为本地人对于本地方的情形比较熟悉，于工作上有相当的便利；二因为我们的每一种工作在试验成功之后，就移交给本地人继续去办，我们另外去做新的试验。所以，我们必须储备下相当的人才，以为接受我们工作的准备。

己、我们不顽固的守旧，也不盲目的维新。自从西方文化侵入中国，遂使中国社会呈现出很大的变化，这种变化自然是以都市方面表现得最为深刻，但在农村方面也有相当的影响。我们究竟是要维持中国固有的文化呢？还是完全接受西方的文化呢？或是使中西文化合流而创造出一种新的文化呢？无疑的我们是采取了第三条路。因为第一项主张者，忽略了文化与时代的关系；第二项主张者，则是不懂中国社会的特殊背景，可以说完全是错误的。所以我们的一切设施，都以不违背固有的道德伦理观念，同时也要适应新社会的需要的原则。

庚、一切设施力求经济简单，以适合中国乡村经济情形，而为将来推广的准备。我们在清河的工作，并不是要把清河改造成一个理想的社会，我们的主要目的是在以清河为试验场，试验一种乡村建设的技术。试验的结果，如果是成功的，还要拿到别的地方去应用。如果用费太多，超过一般农村的负担能力，便无法推广，不足为其他地方的取法。

五、经济股的工作

本区经济股的工作目的，在改善农民经济状况。其方法，可以用"开源节流"四个字包括。开源方面，注重生产技术改良，以增厚农民的富力；节流方面，注重减少剥削农民的因子，以建设合理的经济组织。其具体的工作可以举后列几种为代表，以见一斑。

甲、小本贷款。在本区境内，贷款的利率是很高的，大多数农民呻吟于高利贷下而无法摆脱。本区为铲除高利贷及试验农村贷款以为银行界投资农村之参考起见，特于民国二十年开始小本贷款工作。最初只有资本240元，后有热心此项工作者无利息贷与本区3000元，为办理此项工作之用，一人之贷款数亦由10元增至20元。用途的限制很严，只限于投资于生产事业及购买生活上的必需品。到民国廿二年止，前后共贷出3519元，分配于234户。廿二年后，为提倡合作事业及鼓励农民组织合作社起见，才停止小本贷款工作，而将此款拨作合作贷款基金。但这一项工作的影响很大，几个大城市所办的小本贷款工作，在方法上多数是参照我们的办法，这一点是使我们觉得很欣慰的。

乙、合作。本区合作工作草创于民国十九年至廿三年，已有风起云涌之势。到现在，在本区指导有29个信用合作社，共有社员664人，自集资本有1478.5元，从外贷入资本5865元。廿九社中，单纯的信用合作只有十八社，兼营消费业务的有七社，兼营生产的有四社，兼营仓库的一社。其资本用于信用贷款的共计 1675 元，经营消费的 870 元，投资于生产事业的 2000 元。各社除二个新成立的合作社正在进行登记外，其余二十七社都已然在所属县政府完成了登记的手续。各社在民国廿四年的盈余共计 639 元，都遵照合作法的规定分配于适当的用途。

社务健全与否，系于职员的才干和一般社员的教育程度，因此本区每年开办一次合作讲习会，召集各社社员、职员来听讲，以灌输合作的思想和经营合作业务的技术。本年为深造起见，将会期由一星期延长到五星期，并由本区供给膳宿，课程也较以前更为充实。毕业的共计 25 人，外有旁听生 8 人。

本区合作工作有两个特点，第一是鼓励兼营业务，因为我们觉得乡村领袖人才很少，如果各种不同的合作事业都单营起来，人才一定不敷分配。而且一个村中如果同时有了两个或更多的合作社存在，容易引起社员间的敌视心理，自然这种心理是不健全的，然而这是事实，我们是不能否认的。但是如果单营比较有利，我们也不坚持兼营的主张，总之我们是视事实上的需要和利害而定。第二，我们以合作社为推进其他工作的动力，因为合作社员多半是村中优秀的前进的分子，对于我们的工作有相当的了解，自然容易接受我们的工作。此外，并使合作社竭力参加村中服务工作，这方面已然办起来，有图书馆一处、民众学校两处。

丙、农业。在这方面的工作，比较重要的有两项。一是推广薄荷、棉花等高级作物，以增加农民收入。东北旺合作社在本区指导下试种薄荷二年，获利很厚。棉花则推广脱子棉，在上年共推广棉子 3000 斤。今年因得河北棉产改进会的合作，较去年又增加数倍。二是提倡水利，在本区境内随地可以凿自流井，深度不过 20 丈左右，每井可灌水田 50 亩以上或旱田 500 亩以上。对于本地农民，可以说是一种天赋的利源。本区在四年前就开凿一口自流井，以为表证。但一般农民都不敢轻于尝试，经本区多方的劝导，东小口合作社随于去年开水田 82 亩，投资 2600 元，年终结算竟盈利 800 余元。现在我把他们的决算表抄一张在这里，以见一斑。

东小口社合作农场投资数目

项别	数目
购地 82 亩	1606.00
打井	289.99
槽碾	62.96
开地	120.00
总和	2078.95

东小口社合作农场资产负债表

科目	资产	负债
稻地 82 亩带井@ $45.00	3690.00	
槽碾	62.96	
农具	40.00	
本年纯益	833.44	
试验区欠款		
本社信用部借款		
总合	4626.40	2600.00
纯益		2026.40
总结	4626.40	4626.40

东小口社合作农场资产损益表

项目	摘要	收入	支出
工资	长工 "2人"		67.00
	栽秧 挠秧		118.40
	割稻		17.73
	砻米		42.70
	碾米		13.00
	拉粪		52.60
	碾米		48.00
	轧米		20.00
籽种	稻秧		55.17
肥料	粪干、麻渣、冻粪		303.00
用具	摊提农具费		4.45
饭费	长工、割稻、轧、打		103.88
营业	利息		270.00
	应酬		18.60
	杂项		39.23
收获	稻米 120 包@ $15.00	1915.20	
副产	稻草 24000 斤	72.00	
	稻糠 20 包	10.00	
	碎米 2 包	10.00	
	青豆 1 石	5.00	

（续表）

项目	摘要	收入	支出
总合		2012.20	1173.76
纯益			833.44
总结		2012.20	2012.20

今年黄土北店村合作社员也有人仿效办理了，不久本区水田的面积仍将有大量的增加。如果全区都开凿自流井，本地的富力至少增加一倍以上。

丁、家庭工业。我们现在所做的有毛织业一项，利用西北的羊毛，本地农民休闲的时间手工纺线，手工织呢。经本区毛织班训练能纺线的女工已有三十多人，能织染的男工已有十余人。不过因为销路不畅，现在积存货品共值三千余元，于是才周转不灵。现在只能维持原状，不易有更大发展。今后打算改作棉织业，因为本区内棉田逐渐增加，很有发展为棉区的可能。我们如改作棉织业，就地即可取得原料，而且棉布为农民主要衣料，销路上也不成问题，现已在积极计画之中。

六、社会股的工作

社会股原名为服务股，到民国二十一年才改为现在的名称。本股的工作可以分儿童工作、妇女工作、教育工作三项来叙述。

甲、儿童工作。本区设有幼稚园一处，招收年龄在六足岁以下的儿童。其设立的动机是因为见到本区幼女班和手工班的学生，时常要携带弟弟妹妹来上学，如果不允许，她们因为要看孩子，便不能上学。如果允许，却又妨碍她们的课业。因此我们便想了一个方法，把许多小孩子放在一处，由大家轮流来看管，这便是我们幼稚园的初基。现有女教员 1 人，学生 18 人，课程有唱歌、游戏、手工、卫生、识字、算术、习字等项。幼女班是专为失学的学龄女童设立的，年龄限于 7 岁至 12 岁。因为这一阶段的女童，失学的是很多的。全区在校的 1326 名学生，女生仅有 74 名，不足全数的 1/18。幼女班的设立，便是为这种现象的一种补救。五年毕业，课程除了普通学校功课以外，特别注意缝纫、刺绣业、手工。因为我们的目的不在使她们预备升学深造，而在灌输给她们一些人生必须的常识。现在全区共有两处，一在清河本镇，一在黄土北店村，共有学生四十多名。东北旺村也要设立一处，不久就可以实现。

乙、妇女工作。女子手工班设立于民国十九年秋季，目的在使一般不认字的妇女习得相当知识和生产技能，年龄以 12 岁至 25 岁为限。课程方面手工和读书并重，定期 6 个月，期满手工精巧者，每月可得工资七八元左右。母亲会则专为家庭主妇设立的，现在共有四处，分设于清河镇、黄土北店、东北旺、东小口四村。每周每村开会一次，由本区派人主领，讲演并讨论家政上的各种问题。家政训练班第一班成立于民国二十年，15 岁以上的女子均可加入听讲，课程有缝纫、烹饪、家庭布置等项。

丙、其他教育工作。此项工作可分两种，一为一般社会教育，一为协助各小学改进工作。前者本区有图书馆一所，内分成人、儿童、巡回三部，共藏书七千余本，成人、儿童两部平均每日借书者三十多人。巡回部的办法，是由本区图书馆管理员按期将书送至区内各村小学，再由各小学负责转借。巡回范围现已遍及全区。图书馆并附设阅报室，备有平、津大小报四种，每日阅者平均四十多人。至协助各小学改进工作，则本区每年举行小学教师训练班一次，招集各村小学及私塾教员前来听讲，聘请各科教员、专家讲授教育方面各种实际问题。每次举行一星期，业已举办三次，听讲者每次有三十多人。对于本区教育改进上，当不无小补。

此外，为使乡民明了时事消息及造成本区舆论起见，在民国十九年曾出版《清河月刊》至廿一年冬又改组为《清河旬刊》，每十天出版一次，内容分为"新闻"及"常识"两部。自上年起又与本校新闻学系取得合作，在内容及形式方面都要相当的改进，现已出至九十余期。壁报则为旬刊附属工作之一，每日摘录各报重要新闻，用粉笔写在黑板上，悬于大街通衢，以便行人阅览，颇为醒目。

七、卫生股的工作

本区的卫生工作起于民国二十年七月。当时附属在社会股，第一年是和北平第一卫生事务所合作，由该所每星期派大夫来一次，举办的工作也是很简单的。廿一年七月以后，改由本区自办，但药品方面仍承该所继续协助至三年之久，这是我们应特别致谢的。廿一年七月起，添聘助产士1人，到同年九月又添聘专任医师1人，遂正式成立卫生股。廿三年三月，本区筹建之医院又告落成，卫生股即迁入办公。现在举办的工作可以分为治疗、助产、学校卫生、预防注射四项。

甲、治疗。医院内原设有八个病床，后来因为住院病人太少，到廿二年即停收住院病人。病人少的原因，据我们推测，约有两点：一是农民对于近代医院信仰不够；二是轻病人不肯住院，而过重的病人又非我们的设备所能胜任。所以，我们的治疗工作只限于门诊和三个分诊所。门诊设在本院，每日上午开诊。初开办时，初诊每人收费 20 枚，复诊收费 10 枚。复因药价腾贵，改为初诊收挂号费一角，复诊收挂号费五分。平均每日有病人 20 人左右。分诊所分社在三个中心村，每周开诊一次至两次，设备很简单，注重救急及预防工作，每处每次有病人自 5 人至 20 人。

乙、助产。助产工作包括接生、产前产后检查、婴儿卫生监察和训练接生人员四项。接生每月十人左右，接生费规定为 2 元，贫穷的可以酌量减免。产前检查规定为每一孕妇应检查 8 次，完全免费，因为乡民多数不知道产前的重要，所以没有经过检查而请我们接生的也不在少数。产后检查规定为 5 次，以保障产妇的安全。婴儿卫生监察则管理至儿童 5 岁为止，由本院按期至婴儿家庭拜访，随时指示育婴的方法和儿童卫生的要点，并为婴儿种痘，以防天花。在每年四月四日儿童节，并同社会股联合举办庆祝会，同时举行儿童健康比赛，由医师检查儿童体格，完全健康，颁给奖品，以鼓励农民注意儿童的福利。不过我们的工作人员很少，工作范围又很大，究竟难免鞭长莫及之感。因此我们必须训练本地助产人才，在民国二十年便起始训练老娘婆，到民国二十三年前后共训练了三班，全区的老娘婆多数都训练了。但是因为这一班老娘婆年岁已高，固执不化，对于新方法多是阳奉阴违，不肯改良，依然不能达到铲除四六疯产褥热的目的。所以在廿四年我们便改变计画，从新训练一班妇婴保健员，担负接生的任务。学生限于年龄在 20 至 30 岁粗通文字的妇女，受 6 个月的训练，在训练期间由本区供给食宿。前三月念千字课和算术等普通课程，后三月授以助产、育婴等项比较专门的课程。课堂功课之外，并有实习，每一学生须在本区助产士监视下接五个生，才准毕业。第一班学生在上年冬季毕业，现已分发各村服务。每一保健员担任四至六个村的妇婴卫生工作，每一村每一月津贴薪金1元，连同接生费，每一保健员可以有十元左右的收入。几个月来，她们工作的成绩是很可以令我们满意的。

丙、学校卫生。我们学校卫生的工作略仿北平乙种学校卫生的办法，现在管理的有三个学校，实施的工作有检查体格、矫正缺点、疾病治疗、健康教育、预防注射等项。所有学生每二年要经过一次体格检查，如有缺点，即于得到家长同意后施以矫治。并在学校预备几种简单药品，有轻微的疾病，即由曾受相当训练之年长学生或教员为之治疗，较重的病介绍至本股门诊诊治。每周由本股派人至各校讲演各种卫生常识。每年春季施行种痘，必要时并做各种预防注射。

丁、预防注射。预防工作，种痘最为普遍，在每年春秋两季举行种痘运动，除门诊外并到各村各小学去种。为扩大此项工作起见，于去年及今年开办种痘传习所两次，课程完全遵照中央卫生署的定章办理，前后共毕业15人。其他预防注射，也于必要时举办，但是因为农民对于预防注射的价值不很了解，所以作的不很普遍。已做过的有伤寒、霍乱、猩红热、白喉、脑脊髓膜炎等五种。

八、研究股的工作

研究股的工作目的有两项：一是搜集社会研究的材料，一是供给本区工作设计的参考。这一项工作着手是很早的，在前面我已然说过，在本区没有成立之先，本校社会学系在清河已作过相当的调查和研究的工作。但是，研究股的正式成立，是一直到民国廿一年才实现的。我们已然作过或正作的工作有后列这几种，其结果都将有专刊出版，在这里是不能详加叙述的。

甲、人口研究。人口为构成社会的分子，所以人口问题的研究为社会研究的主要课题之一。在民国廿二年起始，作本区内十村的人口调查。调查时，除先与各该村领袖接洽妥当外，并由五区公安局派警察协同调查，结果比较是很可靠的，历时四月才告完竣。又为研究人口的动态起见，特在清河镇及黄土北店村举办人事登记，凡人口出生、死亡、婚嫁、迁徙都详细登记，由一专人负责，现已继续四年之久。

乙、集市调查。集市为农民交易中心，对于农村经济具有很大的影响。我们在民国二十一年起始，在杨开道教授指导之下作此项调查，惟只注意人数之多少及其与季节之关系方面。此后拟继续作关于物产运销、商场组织、交易状况的研究，以为改良农村经济的根据。

丙、各村概括调查。此调查完成于廿一年冬季，专为本区实施工作参考之用，注重各村面积、人口、物产、教育、团体组织等项目。

丁、庙会调查。庙会为农村中一种定期的集会，会期内演戏酬神，商贩甚多，不仅为农民的娱乐机会，对于农村经济亦有影响。在本区内共有定期庙会二处，此外尚有临时庙会。本区对于各庙会之起原历史、商业状况以及对农民之影响，均有精密之调查，现正在整理中。

戊、镇组织调查。镇为介于都市与农村中间的社区，本调查即在明了此社区之组织状况。举凡各组织之原起、经过、组织、功能、领袖、解组诸端，以及镇之原起、形成、发展、结构等等情形，均为研究的对象，材料已搜罗大致齐备，亦在整理之中。

己、家庭记账。此调查系与本校经济学系戴乐仁教授合作，目的有两项：一是研究华北农民的生活程度，一是研究农业生产费用。先从黄土北店一村起始试办，由调查〈员〉按日到各家为之记账，现在将起始一个月，被调查的共计六十家，包括农村社会中各阶层。其结果将使我们对于华北农民的生活以及农业经营状况更有深一层的认识，以为我们作乡村建设工作的参考。

庚、各村经济概况调查。这个调查也是与本校经济学系合作的，内容分为三部：一是农村概况调查，包括农村人口、土地的数目，租佃制度，农产品的生产、运销、消费的状况；二是农场调查，包括每一家的土地数目和利用状况，农田的产量，农产品的产销情形等项；三是人口及职业调查，注重人口数目和职业分配概况。这个调查起始于本年五月，在本年内即可完成。

九、赘言

以上我已把我们的工作，简单的叙述了一个轮廓。些微的成就，我们不敢引为自满。部分的失败，也不足以使我们自馁。我们知道，要达到乡村建设运动的成功，还有待于我们继续努力。

在叙述我们在清河所作的工作后，我觉得国内有两种对于乡建运动看法相反的意见，应当加以辩正，并以表示我们的立场。一种是认为乡建运动是唯一的救国道路，只要乡建成功，便无事不可解决，以为中国国难、中国复兴等等问题，都可以随乡建的成功迎刃而解。这一派我们可以称之为乡建万能论。一种是认为乡建运动对于中国的前途是没有什么补益，他们以为从事乡建的人，心虽可嘉，力却枉费。这一派我们可以称之为乡建无用论。这两种意见虽然是相反的，但他们的错误是一样的。前者忽视了其他的建国要素，把问题看得太简单。我们要知道，工业、都市、国防、交通、科学等等的建设都是国家所需要的，单独的乡村建设决不能负起这个大责任。后者则忽视了农村的土地、人民占全国的大部分，及其对于中国前途所具有的决定影响。我们认为一个国家和一个人的健全是有着同样的意义的。如果一个人健全的条件是全体组织与机能的完整，那么一个国家的健全就应该是都市与乡村的共存共荣。请问我们的国家如果只拥有几个过度膨胀的城市，而四围充满了破烂不堪的农村和贫病交迫的农民，还能算是一个健全的国家不？还能有强盛的希望否？所以在新中国的建设上，撇开了乡建不闻不问，是很不应当的。但过分估计了乡建的价值，甚至认为唯一救国大道，也是严重的错误。不过乡建之为整个国家建设上的一块主要基石，却是无可致〔置〕疑的。关于这一节，这里为篇幅所限，不能详说，以后当为专文讨论。

我们清河的工作便是向着这个方向努力的，我们不敢妄自矜骄，也不敢妄自菲薄。我们只希望直接对于乡村建设、间接对于中国复兴这两种运动上，能有少许的贡献，我们便满足了。阅者正确的批评或建议，我们是热烈的期待着，并且有接受和实行的准备与决心。

民国二五年，六月，四

附　录

附录一　中国社会的求—助关系：
制度与文化的视角

王思斌 [①]

社会工作专业教育在中国大陆的开展已有十多年时间。在这一过程中，中国的社会工作教育在专业化方面有了一些努力，也取得了明显的效果。表现为国际性的社会工作知识和教育体系在社会工作教学中逐渐被认可，并取得日益重要的地位。但同时，中国大陆学者对于社会工作本土化及本土性社会工作的探讨尚嫌不足，从而使中国社会工作教育的发展具有某种"殖民化"的色彩，这显然不利于中国社会工作的实际发展。为了探讨更有效的社会工作模式和路径，本文尝试从文化、社会制度及社会结构的角度分析作为社会工作核心的求—助关系，并试图指出中国社会求—助关系的特征及其对社会工作的启示。

一、社会工作与制度和文化的关系

1. 社会工作的技术性特征

尽管学者们对社会工作的涵义有不同的解释，但是大体一致的见解还是存在的，即认为社会工作是由利他主义指导的，用科学的方法助人的活动。近年来，一些学者对社会工作中的专业主义提出了批评，指出在现行社会工作实践中某些社会工作者倚仗专业主义而自我牟利。这就从反面进一步确认了社会工作应有的

---

① 王思斌（1949—　　），男，河北泊头人，北京大学社会学系教授。现为中国社会工作教育协会名誉会长、中国社会工作学会会长、全国社会工作硕士专业学位教育指导委员会副主任委员。

本质特征——利他性，社会工作是以增进受助者的福利为目的的价值相关的活动。当然，如果只指出社会工作的助人本质，还不能说明它与民间一般助人活动的区别。针对于此，社会工作的技术性定义可予以补充。许多学者注重社会工作的技术特征，比如指出它是一种助人的艺术，有一套科学的方法和技巧，其目的是进行有效的服务或帮助。社会工作的技术性特征是其本质特征的具体表现和实现途径，它也指出了社会工作是与受助人密切相关的互动过程。社会工作是同受助者一起工作的过程，它以受助者为中心，因此受助者的心理和行为特征对于社会工作者如何推展其活动以达至有效助人之目的就十分重要了。

2. 制度与文化对开展社会工作的意义

在社会学和人类学中，制度是有效地处理人们之间关系的一套规则，它产生于人们长期的共同生活经验，是这些经验的积累和结晶。在不同的生产方式和生活方式条件下产生了独特的社会制度，满足着人们的共同要求。在现代社会中，社会制度的建立与人的有意识建构有更加直接的关系。这在经济学、政治学中是常见的，如经济学中的制度学派所强调的那样（M. 卢瑟福，1999/1994）。在社会工作领域，一些学者认为社会工作是现代社会的一种制度，他们也是从社会工作的必要性和建构性的角度着眼的。文化是人类的创造。从人类学的角度看，它是人类基本的共同生活的经验积累，因而制度特别是在长期共同生活中形成的制度也属于文化的范围。文化是一个相当宽泛的概念，它也是分层次的。例如，在关于中国传统文化的研究中，有大传统和小传统的分法（李亦园，1996），前者指以儒家思想为主的被历代典籍肯定并传播的价值理念，后者则指在民间社会层次指导人们现实生活的规范体系。

　　制度和文化对于社会工作的开展具有重要的意义。这不但是因为人们的任何活动都必须受一定的制度和文化的指导与约束，而且因为社会工作涉及的是与人们的日常生活相关的活动。在这一领域中社会工作者与受助者相互作用，在这一过程中，受助者的行为必然受其长期生活于其中的制度和文化影响。由此可以说，如果不了解受助者所认同的文化和约束、指导其行动的制度，就难以理解受助者的行动，也就难以有效地向其提供帮助。实际上，国际上通行的社会工作也是以西方文化和社会制度为背景的。基督教文化是西方社会工作产生和发展的哲学基础，自由、平等、博爱的价值观直接影响着社会工作的伦理、职业道德和工作方式。西方社会的家庭制度、社会福利制度等对求—助关系的影响（包括行为指向、行为方式、帮助者的反应方式等方面的影响）都是直接的。文化和社会制度对社会工作（或求—助关系）的具体影响在于它们在很大程度上决定了求助者和助人者行为的指导思想和在什么样的框架中（或怎样实施）求助、助人行为。这对于探讨中国的社会工作模式是重要的。

二、中国社会求—助关系的社会及文化基础

　　1. 求—助关系及其文化基础

　　近年来关于中国大陆社会工作的讨论中有两种见解：一种认为，社会工作是由外部引进的，最早设置此专业的是 20 世纪 30 年代的燕京大学，而 80 年代中期高等院校设置社会工作与管理专业则是社会工作的恢复和发展（袁方，1991）。另一种意见认为，

中国有自己的社会工作，在学校教育方面民政系统的专业教育是中国式的社会工作教育的表现（刘伟能，1991）。当然，这里涉及社会工作的定义或标准问题。前者指的是国际上通行的专业社会工作，后者则指实际的社会工作。用同一标准去测度不同社会的社会工作并进行比较是必要的，但用它来作价值判断则有很大风险。关于中国社会工作研究，笔者曾提出一种折中的看法，认为1949年后，中国实际的社会工作是行政性、半专业化的社会工作（王思斌，1955）。这倒不是要平衡上述两种不同意见，而是要指出中国大陆实际上存在的，在体制内占主流的助人系统的特点。

在社会工作研究中，求—助关系的研究处于核心地位。这不但因为求—助关系是社会工作得以开展的基础，而且也因为它是社会工作过程的凝缩。求—助关系包括双方的意识和价值理念、双方对对方行动的理解，也包括双方互动的展开过程。对于中国社会工作来说，研究求—助关系的意义，还在于可以回避对中国社会工作定义的争论。而径直去研究更本质的东西。求—助关系是需求者同帮助者之间的关系。它可能是外显的，也可能是潜在的。外显的求—助关系是由行动表现出来的需求者同帮助者之间的关系：需求者表达出希望得到帮助的愿望，帮助者则以自己的判断作出反应。潜在的求—助关系则因需求者没有表达自己的需要而未启动这一过程。西方社会工作处理的基本上都是外显的社会工作，社会工作的过程模式清晰地说明了这一点。从接案开始，经过一系列工作而结案。但在中国的社会背景中，由于缺乏专业的社会工作，这一求—助模式是受到制约的。

中国传统文化是中国人求—助关系的哲学基础。中国传统
文化是复杂的，但从最一般的意义上来讲，它指的是以儒家为主
体，杂合了道家、佛家的思想体系。儒、释、道诸家思想在很多
方面是相互矛盾的，如儒家强调入世，道家强调出世；儒家强调
礼义仁爱和有为，道家则主张清静无为，不外求。这些相互矛盾
的哲学思想在现实生活中，在不同的背景下融合起来（张岱年，
1994），成为指导人们行动的规则。大略说来，中国传统文化是
上儒下道。所谓上儒是指：第一，儒家思想通过历代统治者及其
知识分子的宣传成为占统治地位的意识形态，并成为教化民众的
工具；第二，儒家思想在民间也成为占统治地位的思想，并成为
一种价值标准；第三，在上层社会儒家思想有了实现的物质基础，
在没有权力和财产争执的情况下有可能实行。而道家思想则不然，
除了上层社会人士自愿的逃避之外，它在贫困的大众社会很有市
场。它可以被看作是一般民众发达不成而不得已选择的行为方式。
所以有学者认为支配中国一般人的理想与生活的是道教思想（张
岱年，1994）。儒家的孝悌和"亲亲"，道家的自守自持形成了
指导一般民众的基本的求—助哲学。而"穷则独善其身，达则兼
善天下"（孟子）则似乎在二者之间架起了通道。

2. 中国社会的社会团结

社会团结是一个社会得以维持与发展的基本条件。除了生
产方式和生活方式之外，社会团结的类型是影响社会福利及社会
工作模式选择的最重要的因素之一。一些学者曾经指出，西方社
会在经历工业化的洗礼后，社会团结的类型发生了变化（如滕尼
斯的共同体与社会，涂尔干的机械团结与有机团结），似乎这种

转变是一个自然的规律。对于当今中国而言，不但导致这种转变的工业化进程刚刚开始，而且中国社会原本就有不同于西方的基础。如上所述，西方社会是个人本位的，其社会团结靠个人与社会的关系连接而成。中国社会是家庭本位的，社会团结首先是家庭（家族）的团结，是靠差序格局形成的社会支持体系（梁漱溟，1987；费孝通，1985）。这种建立在自给自足的小农经济之上的家庭本位文化形成了个人与家庭，小我与大我的责任、义务关系，形成了情境化的社会支持关系，也形成了差序格局式的社会团结。这种以儒家伦理为基础的社会团结强调家庭（家族）的整体性，鼓励小我对大我的责任，包括小我减少对大我的拖累。这是种家庭（家族）对其成员表示关爱、个人对家庭（家族）尽力贡献的关系结构。一旦个人不能施惠于家庭（家族），他便会自责。因此一个有能力的个人对家庭或更大社会都不是索取取向，在中国社会，由于个人与家庭（家族）是小我与大我的关系。所以本质上在这一范围内并不存在求与助的关系，如果有，可以视为自我求助。真正的求—助关系发生在家庭之外，发生于自己与他人之间。当要在自己与他人之间发生求—助关系时，道家的无求思想就可能发生作用，求人者就要考虑求助行为可能带来的代价——人情债。在传统上中国社会是以自足的家庭（家族）为基础的社会，家庭（家族）对其成员有一种包容性支持的义务，家庭成员则有为家庭增加财富和资源的责任。共同的生活、时空的一致性使家庭（家族）内部的支持关系成为可能。这是中国社会基本的社会团结。

这并不是说在中国社会不存在家庭之外的支持。但这种支持必须以责任意识和信任感为基础。这里的责任意识是指助人者的责任意识，他为什么必须去帮助求助者。所谓信任感是指助人者对求助者的信任，他为什么认为求助者值得帮助？中国传统的求—助关系不是发生于陌生人之间，讲究回报的中国人也不一定愿意接受陌生人的帮助，因为他不知道自己要付出怎样的回报。熟人之间的相互支持有两种基本形式：一种是将熟人关系拟亲属化，即拉近关系，增强相互责任和相互信任，从而采用拟亲属的方式相互支持，如联姻、建立朋友圈子、世交等。在这种情况下社会支持以友情为基础，正所谓"在家靠父母，在外靠朋友"。另一种是一般相互认识者之间的求—助关系。如前所述，由于中国社会的差序格局及人情、回报诸因素的影响，一般相互认识者之间发生求—助关系是比较谨慎的。

三、计划经济体制中的求—助关系

1. 计划体制是一种管理和提供支持的制度

计划经济体制是对社会的经济资源进行集中管理和调配，并对社会产品和福利资源进行集中分配的制度。这种体制将经济的管理权、财富的分配权和政治权力高度集中，并用政治化的手段推动社会的运行。从其追求的目标看，计划经济体制是政治性的福利制度或福利性的政治体制。社会资源（包括福利资源）高度集中于政府手中，形成了权力与责任的高度统一，政府必须对民众的需求提供支持。在计划经济体制下，由于一切都被行政化了，社会很不发达，社会掌握的资源十分有限，因此，人们所需要的重要的社会支持（如就业机会、住房、老幼抚助等）都必须依靠政府及其代理人——形形色色的工作单位。在工作单位（生产组织）内部，由于福利资源由政府集中管理，政府又制定了一系列规则分配福利资源，所以组织成员的重要需求都靠制度化方法，即按照既定政策加以解决，而较少个别化解决办法。因此，组织成员（包括其家庭成员）的重要需求是依靠行政体制解决的，行政人员（包括政府中的行政人员和单位组织中的准行政人员）扮演着社会工作者的角色，他们依照政策程序化地向组织成员分配福利，组织成员因而对单位和政府产生依附关系。

2. 计划经济体制下组织中的求—助关系

组织成员重要需求的制度化解决并不排除在一些特殊问题上某些成员也有求助行为。组织（工作单位）中的求—助关系一般发生于某些组织成员因家庭遭遇不测或因家庭成员的严重慢性病的拖累而造成的经济困难。解决这类经济上的困难需要动用本工作单位的公益金。由于公益金是根据国家政策以该单位全体职工的工资额为基础提留的，因此用公益金向某成员支付困难补助就是动用集体积累，这会涉及到个体与他人的利益关系。一般当某职工遇有家庭生活困难，特别是经济方面的困难时，会有三种解决方法：第一，单位组织的有关干部（一般是工会干部）通过走访职工家庭，了解困难，并提请单位解决其困难。由于工会负有为其职工解决生活困难的责任，因此这种解决方式基本上是履行职业福利的责任。在此过程中基本上没有求，只有助。第二，在工会尚不知晓职工家庭困难的情况下，与困难职工关系较为密切的同事（如他的直接上级或朋友）代表其向单位提出建议，陈述困难，希望能解决问题。这是一种代人求助的模式，单位（工会）也会认真听取建议并经研究后解决。在单位职工有困难的情况下，这种求—助模式是经常发生的。因为碍于情面，有困难的职工不愿自己出面去申请帮助。一是因为他难以预料求助的结果，如果求助得不到肯定性答复将是很丢面子的事；另一个原因就是在政治气氛比较浓厚的情况下，职工向组织要求照顾可能会被认为是想占集体的便宜。而在政治方面表现积极的人是甘愿做贡献而不想占便宜的。实际上，在计划经济体制下，在政治意识形态有巨大影响的情况下，单位组织也常常通过做政治思想工作来鼓励人们克服困难。那些不表露家庭困难又尽力完成工作任务的人常被表彰，成为模范和榜样。这在一定程度上可能会抑制某些职工的个人求助行为。在他们遇有难以克服的困难时，只能由与之关系较密切的同事代为表达。代人求助是一种有丰富意涵的解决困难的方式，在这里求助行为非主体化，既有传统文化的影响，也受政治文化的影响。它是求助耻辱化文化的表现。也就是说，求人常常被认为是无能的表现。这样，当个人做出求助行为时有一种歉疚或不得已而为之的心理。这种从心理上和脸面上自认不如人的感受即是一种耻辱感。求助行为的耻辱化定义使人们有困难时不是主动表示自己的要求，而是躲躲闪闪，或由他人代为表达。第三种解决方法是亲属、朋友之间的互济，这是传统中国文化的表现。然而实际上，在计划经济体制和平均分配福利的情况下，由亲属、朋友提供的帮助和支持也是有限的，因为大家都处于经济资源的匮乏状态。如果有人需要提供人力服务，这时的帮助才可能实现。

3. 计划经济体制下求—助结构的差异性

认为中国的计划经济体制具有完全的一致性也是一种误解。

虽然政府力图在所有领域内都实行高度集中管理，但是面对如此众多的人口，如此广大的疆域，如此复杂的经济、政治状况，要使全国在管理和体制资源分配方面高度一致是比较困难的。实际上，在城市和农村、城市的不同所有制单位之间，计划经济体制的表现形式是有所不同的，由此可能导致求一助结构的差异。比如城市的计划经济特征要比农村明显得多。城市系统全民所有制企业（组织）与集体所有制企业（组织）相比，前者更具计划经济特征，或者说它是计划经济的典型，而农村、集体所有制企业（组织）则处于边缘化状态。它们既没有全民所有制企业（组织）那样严格的管理，也不享受对严格管理的补偿——获得由政府分配的较多福利。中国大陆推行国有化政策，并优先发展重工业，使得政府对全民所有制（国有）企业和组织给予较多优惠，而在集体所有制企业工作的人和农村劳动者的生活水平则要低一些。按照逻辑，集体所有制企业职工和农民应该有更强烈的求助行为。但是实际上，他们并没有更多地向政府和社会求助。其原因至少有二：第一，政府不对集体所有制（包括农村）的劳动者负有全责，而是由他们的劳动集体向成员提供一定的福利和帮助，除非遭遇自然灾害。第二，在农村和城市没有可以求助的社会机构。若要求助只能在劳动集体或社区的范围内进行，而农村劳动集体的初级群体特征又将这种求一助关系还原为家庭之间、亲属之间、邻里之间的互助，这种互助带有明显的传统特点。

这样，就形成了农村和城市之间求一助结构的差异：农村基本上是自助或互助。而城市，在计划经济体制发生强有力影响的领域，求一助关系一方面有相当明显的传统性，同时又有行政化、制度化的特征。

四、中国社会求—助系统的结构及特点

1. 中国社会助人系统的结构

从以上分析中我们可以发现，1949 年以后中国大陆存在着二元求—助模式，或者说中国的城市和农村，在计划经济体制的中心和边缘地带，既存在着现代的、制度化的社会福利制度，也存在着传统的自助、互助制度。它们在不同的社会领域发挥着各自的作用，但其深层基础却是与传统文化相通的。我们可以将中国社会助人系统的结构描述如下：

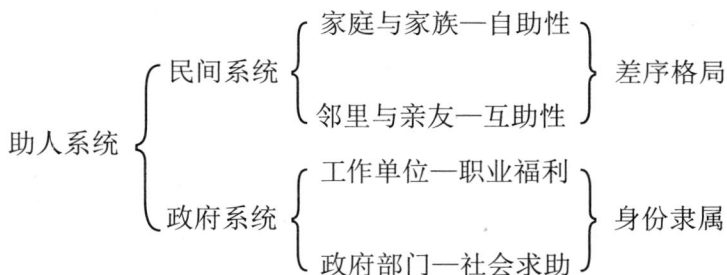

助人系统
- 民间系统
  - 家庭与家族—自助性 ⎫
  - 邻里与亲友—互助性 ⎭ 差序格局
- 政府系统
  - 工作单位—职业福利 ⎫
  - 政府部门—社会求助 ⎭ 身份隶属

上图指出，中国社会存在着民间和官方两个助人系统。所谓民间助人系统是指来自家庭（家族）和邻里、亲友的帮助。由于家庭（家族）成员的相互隶属性，家庭（家族）成员之间的相互帮助实际上是一种自助。而邻里、亲友之间的帮助则是互助。这种自助与互助是由中国社会中的差序格局（基于家庭中心主义的文化）决定的。官方助人系统通过两个渠道发挥作用：当某人属于某一工作单位，特别是全民所有制（或国有）单位时，他会享受到由政府统一规定的职业福利，包括单位提供的特殊帮助。当社会成员不属于全民所有制和较高水平的集体所有制工作单位

时，当他不能由其家庭成员代表在后者的工作单位附属性地领到社会福利时，他就只能在社会救助领域接受来自政府的帮助。这是由社会成员的身份决定的。一个人是干部、工人，还是农民，他的工作单位属于全民所有制还是集体所有制，这种身份决定着他可能获得的帮助的渠道。

改革开放以来，中国社会的助人系统的结构并未发生重大变化。这是因为：第一，深深渗入平民基本生活之中的社会文化不可能发生迅速变化，作为民族的一种生存经验，它还会在相当长的时期内和相当广阔的领域内发生作用。求—助关系作为社会文化的一部分也仍然会发挥其功能。第二，计划经济体制以及与此相适应的社会组织体制和社会福利制度还在相当程度上继续发挥作用。在城镇中，工作单位在人们生活中的地位还没有发生根本性变化。第三，中国的社会服务机构不发达，从而社会中还没有（或很少）有替代单位进行福利服务的机构，这也阻塞了人们求助表达的渠道。当然，这并不是说中国社会的求—助结构没有任何变化。

2. 中国社会求—助关系的基本特点

在中国传统的生产方式、生活方式中发展起来的助人模式与计划经济体制中所包含的福利服务（助人）模式有很多不同之处，但是又有一些共同特点。这些共同特点如下：

（1）消极的求助模式。在传统社会文化中，人们的求助行为是谨慎的，也是比较消极的。"万事不求人"和不背人情债是一般人生活的基本信条。这是由自给自足的生活方式和自尊意识所决定的。一个人可以忍耐并极少外求是"穷则独善其身"的人生价值的表现形式之一。在计划经济体制下表现出来的"无求"，既受政治因素的影响也受传统文化的影响。人们对计划经济体制中的福利分配有较强的信任，再加上政治意识形态对物质利益的贬抑，致使人们主动要求获得特殊福利的现象较少，如果发生也常常是以他人替代的方式进行的。这样，中国社会中存在着较为广泛的消极求助行为。比如在工作单位，一些有困难的人常常是被动员去申请获取某些福利的。消极的求助行为有复杂的深层原因：第一，自我解决问题的动机。中国文化有一种内向性。这也表现为当人们遭遇困难时的不事声张。默默进取和在无能为力时的忍耐。第二，最小求人原则。出于情面和回报的考虑，人们尽量不求人或少求人。在迫不得已必须求助于他人时，则遵循代价最小原则。他要考虑需求对象（物品）的偿还价值和对方所提供的帮助的潜在成本（对求助者来说意味着成本）。如果他要多次求助于人，还要计算累加成本。中国人在希望获取某种福利时，常常遵照"应该"原则，即通过正当的权力和责任关系获取，否则就会增加其获利的声誉成本。那种"随大流"式的获利方式就是缩小成本的一种策略。因此，不妨说消极求助主要是出于对付出成本的考虑。

　　（2）相对主动的助人行为。相对于消极的求助行为，人们的助人行为却是主动的。这既表现为邻里亲朋的相互关照，也表现为代替有困难的有良好关系的同事去寻求帮助。他们可以不辞辛苦奔波，有时甚至要舍弃脸面。主动助人有两种情况：第一，助人者握有某种有困难者所需要的资源。当他发现后者处于困境时，出于友好的关系基础，他会主动提出帮助后者解决困难。第二种情况是当他没有满足有困难者所需要的对象物，但知道如何去获取时，充当一种积极的中介，帮助有困难者去获取对象物。这大多也发生在关系较好的熟人、同事之间。当然，在行政性的助人系统中，主动的助人行为也时常发生。这主要是在执行社会福利政策过程中发生的，当政府制定了某一社会福利政策，但有困难者却不知晓时，政策执行者会主动地帮助有困难者按政策规定获得福利。

（3）感情介入。中国社会的助人活动有强烈的感情介入，行政性半专业化的社会工作也是如此。这表现为：第一，我群观念。在助人过程中，助人者持有包括受助者在内的我群观念，尽量弱化助人者与受助者之间的界线。在助人过程中，助者将受助者纳入自己的群体，拉近心理距离。在中国社会中，当某人（家庭）遇到困难时谁有可能出面帮助基本上是确定的。这是由差序格局、平常的交往关系决定的直接支持关系。他们构成了一个关系较为密切的相互支持网络。这在中国文化中叫做不分你我。就是在官方支持关系发生作用的情况下，参与行动者也会淡化正式关系。比如在政治主导时期强调"革命同志互相帮助"，现在也要强调同事间的互相关心。第二，互为客体性。求—助过程是两类主体和客体的连续互动过程。在求助阶段，求助者是行为主体，被求者是客体。在助人过程中，助人者是主体，受助者是客体。所谓助人过程中的互为客体性是助人者对助人过程的一种泛化解释。它常常表现为助人者在发现受助者有歉疚时用"谁都可能有难处"来宽慰受助者，从而减轻受助者的心理压力。这里包括了助人者的设身处地、感同身受意识，同时也是一种通过拓展时空实现受助者与助人者融合的策略。在这里，人们把互助行为在时间、空间、内容等方面作了充分扩展。"人都可能有求人帮助之时"这种对时空的借用有可能会减轻受助者的压力。第三，协商。西方的社会工作强调社会工作者的咨询功能，强调受助者的自我决定。但在中国社会的助人活动中却充满了协商气氛。除了来自正式制度的帮助外，一般求—助活动是在参与者的共同协商中进行的。助人者与求助者讨论要求的可及性和帮助行为的可接受性。这有利于助人者深入了解求助者的需求，并同其探讨如何才能客观实际地满足其需要。当然，这种协商和讨论是建立在互动双方的相互信任之上的，因为他们基本是相互熟识者。这些表明，与国外比较程式化的社会工作相比，中国的求—助过程更注意双方的连带性，它把社会团结的内容注入其中，并具有连续性特征。

3. 中国社会求—助关系中的情、理、法

在中国文化中，情、理、法形成了一个特殊的结构，并支配着人们的行为。情是由人们之间的基本关系（如差序格局）决定的相互感情，一般是指具有较好关系的人们之间彼此接纳、认同的感情。理是指社会对建立在基本关系之上的相互支持和友好关系的认可，它成为一种规则，是社会对于此类社会关系所应衍生的相互权利、义务的确认。法则主要指政府的法规，也包括社会组织的正式规定。它是超越情理的东西，是一种普遍调节人们之间利益关系的正式规则。情（人情）、理（世理）、法（国法）的结构即它在不同社会生活状态下起作用的程度是不同的。一般在比较传统、比较接近人日常生活的领域，情理起较基础的作用，法律只是作用的最后调节者。而在现代社会中，正式规定、法规、法律的作用明显增强，但这并不否定情、理的重要作用。

在求—助关系中，情、理、法的作用表现为人们在那种情境下的"应该"判断，即人在他们所处的那种特定情境下，由于情、理、法的综合作用，求助人的求助行为是合乎情理的，助人者的助人行为也是应该的。比如在民间互助系统中，某人根据其与对方的较好关系而向后者要求帮助不应被视为奇怪。而后者依据他对二人关系及情境的理解提供帮助也是应该的，是情理之中的事。否则可能会被认为是不通情理。在正式组织（企事业单位）中，成员（或其代理人）因生活困难向组织提出一些要求也被认为是合理的，因为在计划经济体制下，国家控制了所有的社会资源，组织成员除从工作单位获得工资报酬和社会福利外，没有任何渠道。"进了单位的门，就是国家的人"。这样在遇到问题时人们自然就要找单位和国家，向它们"求助"了。实际上，这里的"求助"是一种权力的要求，即前面所说的对交出权力的补偿，当组织成员将自己自主地获取生活资源的权力交给工作单位（和国家），他们在生活中遇到困难、工作单位又不能给予合乎情理（公正）的帮助（补偿）时，他们维护自己合法权利的行动就可能变得比较激烈。例如，一些下岗职工常常对工作单位"不尽情理"、"不公正"的裁员行为有激烈的反抗，这是求—助关系的一种特殊的表现形式，即下岗职工在应有的权力——义务关系（"应该"）遭到破坏之后的反应。这也只是他们在迫不得已的情况下做出的。

五、中国社会的求—助模式对发展专业社会工作的启示

1. 发展与中国社会文化相适应的专业社会工作

以上对中国社会求—助模式的分析不应该导致这样一种看

法：专业社会工作的发展在中国是不必要的。应该说，以上讨论只是对发展专业社会工作的本土基础认识。在中国向现代社会转变和向市场经济体制过渡的背景下，面对复杂的社会问题和社会进步的要求，发展专业社会工作是必要的。

但同时我们应该清楚的是，在中国发展专业社会工作是应该充分顾及到中国的社会文化和制度结构的。经济、政治体制和社会文化是专业社会工作的载体，或者说是专业社会工作得以生存和发展的外部环境。社会生态学理论指出了环境对社会工作模式选择的重要性。面对变化着的社会状况，对国际社会工作经验持一种排斥态度是可笑的。但不顾中国的国情，不加分析地搬用外国的东西也同样危险。在这里我们遇到的是社会工作本土化和本土性社会工作的关系问题。对于这一普遍而复杂的问题中国学者已有许多讨论（中国社会工作教育协会，1996）。但是从社会工作的本质来看，似乎应该提倡这样一种价值观：社会工作的效率主义，即那些对解决现实问题有效的社会工作模式就是合理的。

2. 发展人文主义的社会工作模式

虽然社会工作是一种助人的工作，但是在科学主义和追求专业地位的影响下，国际社会工作还是形成了以理性主义为主导的社会工作模式。这种社会工作模式的特点是强调助人过程和方法的科学性、可测量性，追求一般的工作效率，在社会工作过程中强调接案、助人、评估、结案的规范化等等，这一经过数十年、上百年发展起来的社会工作模式自有其道理，至今我们也不应轻易从总体上怀疑它的合理性和有效性。但是我们也不能因此认为这种模式在任何情况下都是最合理的选择。批判诠释论从理论上对理性主义的社会工作提出质疑（阮新邦，1993），中国的经济、政治和社会文化则从社会工作的实施条件的角度提出发展与理性主义社会工作不同的人文主义社会工作模式的可能性。结合本文的上述讨论，笔者认为这种人文主义的社会工作模式至少有以下几个特点：

（1）积极主动的帮助取向。在西方，社会工作一般是从有需要者的求助开始的。在中国这一过程模式可能要修改。由于人们的消极求助心理，助人活动大多从助人者的主动行为开始。这倒不是助人者不加分析地任意提供帮助，而是指助人者常常通过探询而启发有需要者表达自己的需要，进而了解这种需要并提供帮助。那种等人上门求助的社会工作模式在中国可能会贻误很多真正必要的社会工作。

（2）价值相关。求助者的被动和助人者的积极主动将导致社会工作者的价值相关。即在求—助过程中双方要维持深入的思想交流，助人者应该能站在求助者的角度上思考问题，并同他一起讨论解决问题的可能途径。如果像西方经典的社会工作那样只是强调社会工作者提供意见和求助者的自决，在中国可能被理解为非真情实意，因而不利于建立良好的合作关系，并最终解决问题。社会工作者站在基本理性的立场上同求助者深入沟通、交流意见、帮助求助者（或共同）作出决策可能更加有效。在这里，社会工作者不是在程序上企图解脱自己的责任，而是要在实际而有效的助人过程中实现自己的真正责任。

（3）建立实质性的信任关系。西方社会工作是建立在契约基础之上的，是程序上的信任关系（这并不否认受助人对社会工作者的信任）。中国社会中的社会工作可能更多地建立于实质性信任关系之上。所谓实质性信任关系是社会工作者（助人者）与受助者建立在沟通理性（哈贝马斯，1994/1985）基础上的合作关系。它是社会工作者切实为求助者着想的关系，这种实质性信任关系的表现可能不像经典的社会工作那么规范，但其实质效率可能是高的。

以上是在中国社会中建立人文主义社会工作模式的实质性内容。当然我们没有证据说在中国理性主义的社会工作模式是行不通的。随着现代化进程的推进，随着作为独立领域的社会工作（社会服务）机构的迅速成长以及社会工作专业性的增强，理性主义的社会工作也会增强其在中国社会的影响。这可能是本土性社会工作的发展改造与社会工作本土化共存以至交融的过程。而且通过较为长期的互动过程，可望形成有中国特色的社会工作模式。但在当前或一段不短的时间内，建立人文主义的社会工作模式可能是中国社会工作发展的重要任务。

参考文献：

费孝通，《乡土中国》，三联书店，1985 年

哈贝马斯，《交往行动理论》，重庆出版社，1985/1994 年

李亦园，《"大传统"与"小传统"的贯通》，周星主编：《社会文化人类学讲演录》，天津人民出版社，1996 年

梁漱溟，《中国文化要义》，学林出版社，1987 年

刘伟能，《当前中国社会工作及社会工作教育》，北京大学社会学系编：《现状 挑战 前景》，北京大学出版社，1991 年

卢瑟福·M.，《经济学中的制度》，中国社会科学出版社，1994/1999 年

孟子，《尽心上》，朱惠：《四书集》，岳麓书社，1985 年

佩恩·M.，《当代社会工作理论：批判的导论》，台北五南图书馆出版公司，1995 年

阮新邦，《批判诠释论与社会研究》，八方文化企业公司，1993 年

王思斌，《中国社会工作的经验与发展》，《中国社会科学》1995 年第 2 期

杨国枢，《中国人的性格》，台北桂冠图书股份有限公司，1988 年

杨联陞，《中国文化中的"报"、"保"、"包"之意义》，中山大学出版社，1987 年

杨中芳，《中国人·中国心：人格与社会篇》，台北远流出版公司，1992 年

袁方，《社会工作教育与中国社会主义现代化建设》，北京大学社会学系编：《现状 挑战 背景》，北京大学出版社，1991 年

张岱年，《中国文化概论》，北京师范大学出版社，1994 年

中国社会工作教育协会，《发展 探索 本土化》，中国和平出版社，1996 年

（原载《社会学研究》2001 年第 4 期）

附录二　民国时期社会工作著作书目

1. 【美】韩慕儒著、基督教青年会组合编译，《学生社会服务之研究》，1914 年

2. 李剑华，《社会事业》，世界书局，1931 年

3. 祁森焕，《社会事业大纲》，博闻社，1931 年

4. 李世勋，《社会事业纲要》，中华社会事业研究所，1931 年

5. 吴耀麟，《社会保险之理论与实际》，大东书局，1932 年

6. 祝世康，《民生主义与社会保险》，出版单位不详，1934 年

7. 周声洪，《最近日本社会事业》，民众俱乐部（杭州），1936 年

8. 陈凌云，《现代各国社会救济》，商务印书馆，1937 年

9. 张秉辉，《抗战与救济事业》，商务印书馆，1937 年

10. 钮长耀，《社会工作（初稿）》，中央社会部（重庆），1940 年

11. 白动生，《战地青年社会服务指导》，商务印书馆，1940 年

12. 牟乃纮，《社会福利事业之理论与实际（初稿）》，中央社会部，1940 年

13. 吴至信，《中国惠工事业》，世界书局，1940 年

14. 马北拱，《战时儿童救济工作之理论与实践》，中国战时儿童救济协会，1940 年

15. 王龙章，《战时难民救济问题》，独立出版社，1940 年

16. 复旦大学社会学系，《社会事业与社会建设》，独立出

版社，1941 年

17. 孙本文，《社会行政概论》，中国文化服务社，1941 年

18. 社会部编，《社会工作人员训练暂行办法、训练纲要》，1941 年

19. 马宗荣，《社会事业与社会行政》，文通书局，1942 年

20. 章伯雨，《农村社会福利事业之研讨》，农产促进会（重庆），1942 年

21. 王克，《中国社会服务事业》，商务印书馆，1943 年

22. 金陵大学文学院，《社会福利行政事业与人才训练》，1943 年

23. 国民党中央执委会宣传部，《抗战六年来之社政》，国民图书出版社，1943 年

24. 李安宅，《边疆社会工作》，中华书局，1944 年

25. 宋思明、邹玉阶，《医院社会工作》，中华书局，1944 年

26. 吴榆珍，《社会个案工作方法概要》，中华书局，1944 年

27. 蒋旨昂，《社会工作导论》，商务印书馆，1944 年

28. 中山大学社会研究所，《社会行政与社会事业》，1944 年

29. 林良桐，《社会保险》，正中书局，1944 年

30. 柯象峰，《社会救济》，正中书局，1944 年

31. 陈续先，《社会救济行政》，商务印书馆，1944 年

32. 言心哲，《现代社会事业》，商务印书馆，1944 年

33. 曾松友，《战时社会行政研究》，正中书局，1944 年

34. 陈凌云，《战时社会救济》，商务印书馆，1944 年

35. 宋思明，《精神病之社会的因素与防治》，中华书局，

1944 年

36. 马超俊、余长河，《比较社会政策》，商务印书馆，1946 年

37. 黄永滋，《社会行政概论》，福建改造出版社，1946 年

38. 陈煜堃，《社会保险概论》，经纬社，1946 年

39. 关瑞梧，《儿童教养机关之管理》，正中书局，1947 年

40. 关瑞梧、李槐春，《区位儿童福利个案工作》，中华书局，1947 年

41. 关瑞梧，《近十年来我国之儿童福利工作简述》，中国儿童福利研究社，1947 年

附录三　当代中国社会工作史研究著作书目

1. 王思斌、解战原主编，《雷洁琼的学术思想及教育活动》，中国政法大学出版社，2005 年

2. 左芙蓉，《社会福音·社会服务与社会改造：北京基督教青年会历史研究（1906—1949）》，宗教文化出版社，2005 年

3. 卢谋华，《社会工作的理论与实践》，中国社会出版社，2007 年

4. 中国社会工作协会组编，《中国社会工作发展报告（1988—2008）》，社会科学文献出版社，2009 年

5. 李锦灶，《中国特色社会工作的发展与思考：深圳 30 年社会工作发展史话》，花城出版社，2009 年

6. 彭秀良，《守望与开新：近代中国的社会工作》，河北教育出版社，2010 年

7. 曾家达主编，《中国社会工作的发展：加拿大华人学者的回顾与探讨》，社会科学文献出版社，2013 年版

8. 王思斌主编，《中国社会工作教育的发展》，北京大学出版社，2014 年

9. 张岭泉主编，《北平协和医院社会工作档案选编（1921—1950）》，河北教育出版社，2014 年

10. 左芙蓉，《基督宗教与中国近现代社会工作》，民族出版社，2016 年

11. 孙志丽，《民国时期专业社会工作研究》，人民出版社，2016 年

12. 王思斌、邹文开主编，《回顾反思展望：中国社会工作辉煌发展的十年（2006—2016）》，中国社会出版社，2016 年

13. 王春霞，《民国时期医院社会工作研究》，人民出版社，2018 年

14. 卢谋华，《卢谋华社会工作研究文集》，社会科学文献出版社，2018 年

15. 彭秀良、林顺利、王春霞，《中国社会工作史简明教程》，北京大学出版社，2019 年

16. 彭秀良，《中国社会工作名家小传》，中国社会出版社，2020 年

17. 吴桢，《吴桢文集》，商务印书馆，2020 年